PUR BEURRE DE CACAO
FÈVES SÉLECTIONNÉES

Nestlé®
dessert®

Les 200 meilleures recettes

hachette
CUISINE

Sommaire

Chocolat Noir

Chocolat au Lait

Chocolat Blanc

Chocolat Praliné

Chocolat Caramel

Chocolat Café

Chocolat Corsé

Chocolat Amande

Nestlé dessert
Noir
Nestlé dessert
Corsé
Un chocolat 100% pur beurre de cacao, à la fonte parfaite, préparé avec soin à partir de fèves sélectionnées. Avec le Plan Cacao, Nestlé soutient les cultivateurs pour améliorer la qualité de leur cacao
www.latabledessert.fr
Des centaines d'idées recettes faciles et rapides!
Lait
Nestlé dessert
Blanc
Nestlé dessert
Café
Nestlé dessert
Caramel
Nestlé dessert
Praliné

Nestlé dessert

C'est fort en Chocolat

Un peu d'histoire

1971, naissance de la première tablette de chocolat noir à pâtisser Nestlé Dessert®, spécialement élaborée pour les gâteaux et les desserts.

Dans son emballage original en papier kraft, cette délicieuse tablette devient tout de suite LA référence dans l'univers du chocolat à pâtisser.

En 2000, la marque de chocolat au fondant incomparable fait des petits : Nestlé Dessert® Corsé voit le jour, suivi de Nestlé Dessert® Lait, Nestlé Dessert® Blanc, Nestlé Dessert® Caramel, Nestlé Dessert® Praliné, Nestlé Dessert® Café. Dernier né dans la famille : Nestlé Dessert® Amande, arrivé en janvier 2016.

Les secrets de fabrication d'une gamme unique

Pour faire de bons desserts, il faut du bon chocolat.

Nos tablettes de chocolats à pâtisser sont spécialement élaborées pour la pâtisserie, avec leur fondant incomparable et leurs notes aromatiques que vous retrouverez dans tous vos desserts.

Les tablettes Nestlé Dessert® sont produites à partir d'ingrédients simples et savoureux pour une qualité irréprochable.

Les tablettes Nestlé Dessert® Noir, Corsé, Lait, Praliné et Caramel sont préparées à partir d'un mélange de fèves de cacao sélectionnées en Afrique de l'Ouest et/ou en Amérique du Sud pour leur richesse aromatique. Celles-ci sont torréfiées grâce à un processus spécifique adapté à l'origine des fèves utilisées qui permet de garantir le développement des arômes subtils propres à chaque origine.

Le conchage, procédé d'affinage du chocolat, est un autre temps fort dans la fabrication de ces tablettes. Cette étape dure plus d'une journée et est essentielle puisque c'est alors que la qualité et la spécificité du chocolat sont définies.

Les tablettes Nestlé Dessert® Blanc, Café et Amande sont elles aussi fabriquées avec un chocolat 100 % pur beurre de cacao, préparé avec soin à partir de beurre de cacao obtenu préalablement par pressage des fèves.

C'est grâce à ces processus de fabrication uniques que Nestlé Dessert® offre un chocolat au goût et au fondant singuliers.

Nestlé Dessert, une variété de tablettes à pâtisser au fondant incomparable, pour un nombre infini de recettes.

À vous de jouer !

Nestlé Dessert®, la marque préférée des tablettes à pâtisser

Nestlé
dessert
Noir
Un chocolat 100% pur beurre de cacao, à la fonte parfaite, préparé avec soin à partir de fèves sélectionnées. Avec le Plan Cacao, Nestlé soutient les cultivateurs pour améliorer la qualité de leur cacao.
PUR BEURRE DE CACAO
FÈVES SÉLECTIONNÉES
Cocoa Plan
www.latableadessert.fr
Des centaines d'idées recettes faciles et rapides!

Chocolat Noir

Mœlleux au chocolat

20 min de préparation · 25 min de cuisson · 10 portions

Votre marché

- 1 tablette de 200 g de Nestlé Dessert® Noir
- 4 cuil. à soupe rases de farine
- 3 cuil. à soupe de sucre en poudre
- 3 œufs
- 100 g de beurre
- ½ sachet de levure chimique

Matériel

- Moule à manqué

1 Préchauffez le four à 180 °C (th. 6).

2 Dans un saladier, faites fondre le beurre et le chocolat cassé en morceaux au four à micro-ondes 2 min à 500 W.

3 Séparez les blancs des jaunes d'œufs. Ajoutez les jaunes d'œufs, le sucre et la farine au chocolat fondu. Mélangez énergiquement. Incorporez la levure et mélangez à nouveau. Puis ajoutez délicatement les blancs d'œufs battus en neige.

4 Versez la préparation dans un moule à manqué beurré et enfournez 20 à 25 min.

Verrine exotique

20 min de préparation — 5 min de cuisson — 6 portions

Votre marché

- 150 g de Nestlé Dessert® Noir
- 1 banane
- 6 fruits de la Passion
- 400 g de mangue
- 2 kiwis
- 40 g de noix de coco râpée
- 15 cl de crème fleurette
- 30 g de sucre en poudre

Matériel

- 6 verrines
- Papier sulfurisé
- Siphon

1 Coupez les fruits de la Passion en deux et retirez les graines.

2 Cassez le chocolat en morceaux dans un saladier. Faites chauffer la crème au four à micro-ondes 2 min à 500 W. Arrosez le chocolat de crème chaude et couvrez 5 min. Mélangez et placez dans un siphon. Dans chaque verrine, répartissez les kiwis, la banane et la mangue coupés en dés. Ajoutez les fruits de la Passion.

3 Dans une poêle, faites chauffer le sucre à feu moyen. Dès que le caramel se forme, incorporez la noix de coco râpée. Mélangez et versez aussitôt sur une feuille de papier sulfurisé en réalisant 6 tuiles. Laissez refroidir.

4 Au moment de servir, ajoutez dans chaque coupe de la chantilly au chocolat et une tuile.

Riz au lait aux pommes et chocolat noir

10 min de préparation
+ 1 h de réfrigération

25 min de cuisson

4 portions

Votre marché

- 1 tablette de 200 g de Nestlé Dessert® Noir
- 120 g de riz rond
- 50 cl de lait
- 2 pommes golden
- 1 cuil. à café rase de cannelle

Matériel

- 4 verrines

1 Dans une casserole, plongez le riz dans le lait et faites-le cuire sur feu doux, pendant 20 min. Cassez le chocolat noir en morceaux. Ajoutez-le dans la casserole placée hors du feu. Une fois le chocolat fondu, mélangez bien, puis laissez tiédir.

2 Pelez les pommes et coupez-les en dés. Faites-les poêler, sur feu moyen, avec la cannelle pendant 5 min.

3 Déposez le riz au lait au fond des verrines et disposez les dés de pommes par-dessus. Placez les verrines pendant 1 h au réfrigérateur avant de servir.

Chocolat Noir

Fondant au chocolat sauce caramel

20 min de préparation 28 min de cuisson 10 portions

Votre marché

- 1 tablette de 200 g de Nestlé Dessert® Noir
- 100 g de Nestlé Dessert® Caramel
- 80 g de farine
- 200 g de sucre en poudre
- 6 œufs
- 240 g de beurre
- 5 cl de crème liquide

Matériel

- Moule à manqué

1 Préchauffez votre four à 180 °C (th. 6).

2 Dans un saladier, faites fondre le chocolat noir cassé en morceaux et le beurre au four à micro-ondes 2 min à 500 W.

3 Ajoutez le sucre, les œufs et la farine. Mélangez énergiquement.

4 Beurrez et farinez votre moule, puis versez la préparation. Enfournez environ 28 min. À la sortie du four, le gâteau ne paraît pas assez cuit. C'est normal, laissez-le refroidir puis démoulez-le.

5 Faites chauffer la crème et versez-la sur le chocolat caramel cassé en petits morceaux. Servez chaque part de gâteau nappée de sauce tiède au caramel.

Fondant façon forêt noire

20 min de préparation — 5 min de cuisson — Pour 4 fondants

Votre marché

- 100 g de Nestlé Dessert® Noir
- 25 g de beurre mou + pour les cercles
- 2 petits œufs
- 50 g de sucre
- 100 g de yaourt
- 40 g de farine + pour les cercles
- 1 pincée de levure chimique
- 20 cerises en bocal

Pour le décor

- 5 carrés de Nestlé Dessert® Noir
- 6 cl de crème fleurette
- 15 g de mascarpone
- 2 cuil. à café de sucre glace
- 12 cerises en bocal

Matériel

- Batteur électrique
- Papier sulfurisé
- 4 cercles à pâtisserie

1 Faites fondre le chocolat avec le beurre au four à micro-ondes 1min30 à 500 w. Mélangez bien.

2 Séparez les blancs des jaunes d'œufs. Battez les jaunes avec le sucre jusqu'à obtenir un mélange pâle et épais. Ajoutez, en mélangeant à chaque ajout, le yaourt, le chocolat fondu, puis la farine tamisée avec la levure. Terminez en incorporant délicatement les blancs d'œufs montés en neige. Placez au frais 1 h.

3 Préchauffez le four à 180 °C (th. 6). Badigeonnez les cercles de beurre et saupoudrez-les de farine. Déposez-les sur une toile de cuisson ou une feuille de papier sulfurisé posée sur une plaque de four. Répartissez la pâte dans les cercles puis enfoncez 5 cerises égouttées dans chaque cercle. Enfournez 20 min. Attention en sortant les cercles du four ; ils sont chauds et le restent encore une dizaine de minutes hors du four. Démoulez et laissez refroidir sur une grille.

4 Pendant la cuisson, réalisez des copeaux de chocolat noir dans les 5 carrés à l'aide d'un couteau économe.

5 Mélangez la crème et le mascarpone. Fouettez-les comme une chantilly à l'aide du batteur électrique et ajoutez le sucre glace. Décorez les gâteaux avec cette crème fouettée, les cerises et les copeaux de chocolat. Dégustez immédiatement ou réservez au froid.

Fondants choco-menthe

Préparation : 20 min
Repos : 1 h

Cuisson : 20 min

Pour 4 fondants

Votre marché

- 85 g de Nestlé Dessert® Noir
- 85 g de Nestlé Dessert® Blanc
- 3 cuil. à soupe de lait
- 250 g de fromage frais (type Philadelphia®)
- 40 g de sucre en poudre
- 2 œufs
- 5 gouttes d'huile essentielle ou d'arôme de menthe

Matériel

- Papier cuisson
- Papier d'aluminium
- 4 cercles à pâtisserie

1 Faites fondre séparément le chocolat noir avec 2 cuil. à soupe de lait et le chocolat blanc avec 1 cuil. à soupe de lait au bain-marie.

2 Dans un saladier, fouettez énergiquement le fromage frais avec le sucre, puis ajoutez les œufs un par un, toujours en fouettant bien. Divisez la préparation en deux. Ajoutez le chocolat blanc et les gouttes de menthe dans l'une des moitiés et le chocolat noir dans l'autre.

3 Préchauffez le four à 140 °C (th. 4-5). Déposez un petit carré de papier cuisson sous chaque cercle et maintenez-le avec une feuille de papier d'aluminium qui remonte sur les parois extérieures du cercle. Disposez les cercles sur une plaque de four. Répartissez les pâtes en les alternant dans les cercles.

4 Enfournez 20 à 25 min. Le centre des cercles doit être à peine pris. Laissez tiédir pendant 1 h dans le four entrouvert puis réservez à couvert au frais. Sortez les fondants 20 min avant de déguster et démoulez-les.

Chocolat Noir

Fondants au chocolat sans beurre et sans lactose

Préparation : 25 min | Cuisson : 20 min | Pour 4 fondants

Votre marché

- 110 g de Nestlé Dessert® Noir
- 50 g de sucre semoule
- 50 g de sucre roux
- 1 sachet de sucre vanillé
- 2 gros œufs
- 80 g de farine + pour les cercles
- 10 cl + 1 cuil. à soupe de crème végétale (épeautre, avoine ou soja)
- 1 cuil. à soupe de margarine

Matériel

- Batteur électrique
- Râpe
- Papier d'aluminium
- Papier sulfurisé

1 Battez les sucres avec les œufs pendant 5 min au batteur électrique ou au robot jusqu'à obtenir un mélange pâle et bien épais.

2 Râpez 60 g de chocolat et hachez-en grossièrement 30 g au couteau (réservez le reste pour le nappage). Mélangez le chocolat avec la farine et incorporez le tout, délicatement, dans la préparation aux œufs. Incorporez enfin 10 cl de crème végétale.

3 Préchauffez le four à 200 °C (th. 6-7). Badigeonnez les cercles de margarine et saupoudrez-les de farine. Déposez un carré de papier sulfurisé sous chaque cercle et maintenez-le avec une feuille d'aluminium qui remonte sur la paroi extérieure du cercle. Placez sur une feuille de papier sulfurisé posée sur une plaque de four. Répartissez la pâte dans les cercles et enfournez 20 min. Attention en sortant les cercles du four ; ils sont chauds et le restent encore une dizaine de minutes hors du four.

4 Démoulez et laissez tiédir sur une grille. Pendant ce temps, faites fondre le chocolat restant (20 g) avec la cuillerée de crème au bain-marie ou au four à micro-ondes. Fabriquez un cornet avec une petite feuille de papier sulfurisé, versez-y le chocolat fondu et décorez les gâteaux à votre goût. Servez tiède ou à température ambiante.

Gâteaux au chocolat, cœur coulant blanc

Préparation : 20 min
Congélation : 3h
Réfrigération : 1 h

Cuisson : 8-12 min

Pour 4 coulants

Votre marché

Pour les cœurs
- 50 g de Nestlé Dessert® Blanc
- 70 g de crème liquide

Pour la pâte
- 85 g Nestlé Dessert® Noir
- 60 g de beurre mou + pour les cercles
- 85 g de sucre
- 2 gros œufs
- 40 g de farine + pour les cercles

Matériel
- Moules à glaçons
- Batteur électrique
- Papier sulfurisé
- 4 cercles à pâtisserie

1 Faites fondre le chocolat blanc dans la crème au four à micro-ondes puis remplissez-en 4 gros moules à glaçons. Placez au congélateur pendant au moins 3 h.

2 Faites fondre le chocolat noir au bain-marie puis incorporez le beurre. Mélangez bien. Dans un saladier, battez le sucre avec les œufs jusqu'à obtenir un mélange pâle et épais. Incorporez alors le chocolat fondu puis la farine. Placez au frais 1 h.

3 Préchauffez le four à 210 °C (th. 7). Beurrez les cercles et saupoudrez-les de farine. Déposez-les sur une toile de cuisson ou une feuille de papier sulfurisé posée sur une plaque de four.

4 Répartissez la moitié de la pâte dans les cercles. Glissez un glaçon au centre de chaque cercle et recouvrez du reste de pâte. Enfournez 8 à 12 min (8 min pour un double cœur coulant chocolat noir et chocolat blanc ou 12 min pour un moelleux chocolat noir au cœur coulant chocolat blanc). Attention en sortant les cercles du four ; ils sont chauds et le restent encore une dizaine de minutes hors du four. Démoulez délicatement et servez tiède, à température ambiante ou froid.

Chocolat Noir

Brownies aux pistaches grillées

10 min de préparation · 15 min de cuisson · 10 portions

Votre marché

- 1 tablette de 200 g de Nestlé Dessert® Noir
- 100 g de Nestlé Dessert® Caramel
- 100 g de farine
- 160 g de sucre en poudre
- 70 g de pistaches non salées
- 30 g de noix de pécan
- 3 œufs
- 150 g de beurre

Matériel

- Moule carré
- Papier sulfurisé

1 Dans une poêle, faites griller à feu vif les pistaches, puis concassez-les grossièrement. Dans un saladier, faites fondre le beurre et le chocolat noir cassé en morceaux au four à micro-ondes 2 min à 500 W.

2 Ajoutez la farine, 120 g de sucre, les œufs et les pistaches concassées. Mélangez. Préchauffez votre four à 200 °C (th. 6-7). Dans un moule carré beurré et fariné, versez la préparation puis enfournez 12 min.

3 Pendant ce temps, hachez les noix de pécan. Dans une poêle, faites chauffer les 40 g de sucre en poudre restants jusqu'à ce que vous obteniez du caramel. Incorporez les noix de pécan et versez sur une feuille de papier sulfurisé. Laissez refroidir et durcir, puis concassez l'ensemble.

4 Faites chauffer le chocolat caramel avec 5 cuil. à soupe d'eau 1 min au four à micro-ondes à 500 W. Ajoutez les brisures de noix de pécan. Servez une part de brownie nappée de sauce.

Chocolat Noir

Gâteau de pain d'épice

15 min de préparation + 1 h de réfrigération
15 min de cuisson
8 portions

Votre marché

- 1 tablette de 200 g de Nestlé Dessert® Noir
- 120 g de pain d'épice
- 2 poires
- 40 g de farine
- 8 œufs
- 100 g de beurre
- 2 cuil. à soupe d'amandes effilées

Matériel

- Moule à manqué ♦ Film alimentaire
- Batteur électrique ♦ Mixeur

1 Préchauffez votre four à 200 °C (th. 6-7). Mixez le pain d'épice. Dans un saladier, mélangez la farine, le beurre fondu et 4 œufs. Ajoutez la poudre de pain d'épice. Pelez et coupez les poires en fines lamelles.

2 Versez la préparation au pain d'épice dans un moule à manqué beurré et fariné. Parsemez de poires et enfournez 15 min. Laissez tiédir.

3 Pendant ce temps, préparez la mousse au chocolat en faisant fondre le chocolat noir cassé en morceaux. Séparez les blancs des jaunes des 4 œufs restants. Versez le chocolat fondu sur les jaunes d'œufs, mélangez et incorporez délicatement les 4 blancs d'œufs battus en neige.

4 Démoulez le gâteau et tapissez le moule de film alimentaire. Disposez le gâteau dans le moule. Versez la mousse et placez au réfrigérateur au moins 1 h. Saupoudrez d'amandes effilées grillées juste avant de servir.

Éclairs au chocolat

30 min de préparation 35 min de cuisson 8 portions

Votre marché

- 1 tablette de 200 g de Nestlé Dessert® Noir
- 100 g de farine
- 30 g de sucre en poudre
- 4 œufs
- 30 cl de lait
- 75 g de beurre
- 1 cuil. à café bombée de fécule de maïs
- 1 cuil. à café rase de sel

Matériel

- Plaque à pâtisserie
- Papier sulfurisé

1 Dans une casserole, faites fondre 170 g de chocolat avec un peu d'eau, puis ajoutez 1 œuf et la fécule de maïs. Arrosez de 20 cl de lait et portez à ébullition en mélangeant. Laissez refroidir 1 h.

2 Préchauffez votre four à 180 °C (th. 6). Dans une autre casserole, mélangez 10 cl d'eau, 10 cl de lait, le sel, 1 cuil. à café de sucre et le beurre. Portez à ébullition, puis incorporez la farine. Mélangez et laissez cuire à feu doux jusqu'à ce que la pâte se détache. Hors du feu, ajoutez un par un les 3 œufs restants. Constituez des éclairs de 5 cm de long et enfournez sur une plaque recouverte de papier sulfurisé environ 35 min. Attendez 5 min avant d'ouvrir la porte du four.

3 Ouvrez les éclairs et farcissez-les de crème. Faites fondre le reste du chocolat et utilisez-le pour décorer vos éclairs avant de les servir.

Chocolat Noir

Flan au chocolat

10 min de préparation
+ 2 h de réfrigération

26 min de cuisson

8 portions

Votre marché

- 1 tablette de 200 g de Nestlé Dessert® Noir
- 40 g de farine
- 60 g de sucre en poudre
- 4 œufs
- 40 cl de lait
- 15 cl de crème liquide

Matériel

- Moule à manqué
- Batteur électrique

1 Préchauffez votre four à 160 °C (th. 5). Dans une casserole, faites chauffer le lait, la crème et le chocolat cassé en morceaux. Mélangez.

2 Dans un saladier, battez les œufs, la farine et le sucre en poudre. Ajoutez le lait chocolaté. Laissez épaissir sur feu doux.

3 Versez la préparation dans un moule à manqué et enfournez 26 min. Placez au réfrigérateur au moins 2 h avant de servir.

Crème brûlée au chocolat

10 min de préparation + 1 h de réfrigération | 25 min de cuisson | 6 portions

Votre marché

- 1 tablette de 200 g de Nestlé Dessert® Noir
- 4 jaunes d'œufs
- 15 cl de lait
- 10 cl de crème liquide
- 10 g de sucre en poudre

Matériel

- 6 moules à gratin individuels
- Batteur électrique

1 Préchauffez votre four à 160 °C (th. 5).

2 Dans un saladier, cassez le chocolat en morceaux. Versez dessus la crème et le lait. Puis couvrez et faites chauffer 2 min au four à micro-ondes à 850 W. Mélangez.

3 Battez les jaunes d'œufs dans un autre saladier et incorporez petit à petit la crème chocolatée.

4 Répartissez la préparation au chocolat dans des petits plats à gratin individuels. Enfournez 16 min.

5 Laissez tiédir puis placez au réfrigérateur 1 h.

6 Juste avant de servir, préchauffez votre four en position gril. Saupoudrez les crèmes brûlées de sucre et placez-les 5 à 6 min sous le gril de votre four. Servez aussitôt.

Friture en chocolat

10 min de préparation
+ 1 h de réfrigération

5 min de cuisson

Votre marché

- 100 g de Nestlé Dessert® Noir

Matériel

- Moule à friture Nestlé Dessert®
- Couteau économe, râpe à légumes ou robot électrique

1 Cassez 12 carrés de chocolat et faites-les fondre (sans eau, ni matière grasse) au bain-marie sans remuer.

2 Râpez 8 carrés de chocolat (avec un couteau économe, une râpe à légumes ou un robot électrique) et, hors du feu, ajoutez-les au chocolat fondu.

3 Versez le chocolat dans les alvéoles en vous aidant d'une petite cuillère et de la pointe d'un couteau pour bien répartir le chocolat. Tapotez la plaque sur la table pour faire remonter les bulles d'air éventuellement prisonnières du chocolat et placez au réfrigérateur 1 h.

4 Démoulez les figurines en appuyant légèrement au dos de chacune d'elles.

Chocolat Noir

Gâteau et mousse bananes-kiwis

40 min de préparation + 1 h 30 de réfrigération — 15 min de cuisson — 8 portions

Votre marché

- 1 tablette de 200 g de Nestlé Dessert® Noir
- 4 kiwis
- 2 bananes
- 1 cuil. à soupe de jus de citron
- 50 g de farine
- 90 g de sucre en poudre
- 10 cl de crème fleurette
- 4 œufs
- 2 feuilles de gélatine
- 80 g de beurre

Matériel

- Moule à manqué
- Papier sulfurisé
- Batteur électrique
- Mixeur

1 Dans un bol d'eau froide, laissez ramollir la gélatine, puis dissolvez-la dans une casserole à feu doux avec 2 cuil. à soupe d'eau. Épluchez les bananes et mixez-les jusqu'à obtenir une purée. Ajoutez le jus de citron et la gélatine fondue.

2 Dans un saladier, battez la crème en chantilly, ajoutez 10 g de sucre et incorporez délicatement la chantilly à la purée de bananes. Placez la mousse 1 h au réfrigérateur.

3 Préchauffez votre four à 150 °C (th. 5). Dans un saladier, mélangez le reste de sucre aux œufs puis ajoutez la farine. Faites fondre le chocolat avec le beurre et incorporez-le à la préparation. Versez dans un moule à manqué recouvert de papier sulfurisé et enfournez 15 min. Laissez refroidir votre gâteau, puis démoulez-le.

4 Répartissez la mousse à la banane sur le gâteau, puis disposez les kiwis épluchés et coupés en fines lamelles. Placez 30 min au réfrigérateur. Sortez le gâteau 10 min avant de le servir.

Chocolat Noir

Le circuit tout chocolat

30 min de préparation + 1 h de réfrigération · 15 min de cuisson · 10 portions

Votre marché

- 1 tablette de 200 g de Nestlé Dessert® Noir
- 1 tablette de 180 g de Nestlé Dessert® Blanc
- 4 œufs
- 100 g de beurre + 1 noix pour la plaque
- 80 g de sucre en poudre
- 80 g de farine + 1 cuil. à soupe pour la plaque
- Pâte d'amandes rose et verte

Matériel

- Batteur électrique
- Plaque à biscuit roulé
- Poche à douille
- 1 pique en bois

1 Préchauffez le four à 200 °C (th. 6-7). Faites fondre 180 g de chocolat noir, avec 2 cuil. à soupe d'eau et le beurre au bain-marie.

2 Mélangez le chocolat fondu, le sucre, la farine et les jaunes d'œufs. Montez les blancs en neige et incorporez-les. Étalez la pâte sur la plaque à biscuit roulé beurrée et farinée. Enfournez pour 12 min de cuisson. Démoulez le biscuit sur un plat.

3 Faites fondre le chocolat blanc, au bain-marie. Dessinez le circuit en chocolat blanc sur le biscuit. Placez au réfrigérateur pendant 1 h.

4 Pour les voitures, découpez des rectangles en pâte d'amandes. Coupez en biais les côtés en haut. Gardez les chutes pour faire les roues. Faites fondre le reste du chocolat noir. Dessinez à l'aide d'une poche à douille un chiffre sur chaque voiture avec le chocolat fondu. Faites aussi la ligne d'arrivée et le drapeau de départ en damier sur une tranche de pâte d'amandes, à planter ensuite sur un pique.

Astuce : Si vous n'avez pas de poche à douille, fabriquez-en une ! Prenez un sac de congélation, versez le chocolat fondu dedans et coupez le coin inférieur.

Charlotte au chocolat noir

15 min de préparation + 4 h de réfrigération | 2 min de cuisson | 8 portions

Votre marché

- 1 tablette de 200 g de Nestlé Dessert® Noir
- 20 biscuits à la cuiller
- 4 œufs

Matériel

- Film alimentaire
- Moule à charlotte
- Batteur électrique

1 Faites fondre le chocolat noir, cassé en morceaux, au four à micro-ondes à 500 W, pendant 2 min.

2 Tapissez un moule à charlotte de film transparent. Trempez les biscuits dans un peu d'eau et tapissez-en le fond et les bords du moule.

3 Séparez les jaunes d'œufs des blancs. Dans un saladier, mélangez les jaunes d'œufs avec le chocolat fondu. Montez les blancs en neige bien ferme et incorporez-les délicatement. Versez le tout dans le moule à charlotte et laissez prendre au réfrigérateur pendant au moins 4 h.

4 Coupez les biscuits qui dépassent et démoulez la charlotte.

Cake marbré au chocolat, poires et noisettes

15 min de préparation — 45 min de cuisson — 8 portions

Votre marché

- 1 tablette de 200 g de Nestlé Dessert® Noir
- 2 poires
- 5 œufs
- 100 g de beurre fondu + 1 noix pour le moule
- 80 g de sucre en poudre
- 80 g de farine + 1 cuil. à soupe pour le moule
- 1 sachet de levure
- 60 g de poudre de noisettes

Matériel

- Batteur électrique ♦ Moule à cake

1 Préchauffez le four à 200 °C (th.6-7). Lavez et épluchez les poires, puis coupez-les en lamelles. Réservez. Faites fondre le chocolat noir, cassé en morceaux, au bain-marie. Cassez les œufs en séparant les blancs des jaunes.

2 Montez les blancs d'œufs en neige bien ferme. Dans un saladier, versez le beurre fondu, les jaunes d'œufs, le sucre et la farine, puis mélangez bien. Ajoutez la levure et incorporez délicatement les blancs d'œufs montés en neige.

3 Séparez la pâte en deux. Dans la première moitié, ajoutez la poudre de noisettes et mélangez bien. Dans l'autre, incorporez le chocolat fondu.

4 Dans le moule à cake beurré et fariné, versez la moitié de la pâte au chocolat, puis disposez les lamelles de poires par-dessus. Versez toute la pâte aux noisettes sur les poires et terminez par le reste de la pâte au chocolat. Enfournez pour 40 min de cuisson.

Crêpes au chocolat et compotée de mangues

25 min de préparation · 20 min de cuisson · 4 portions

Votre marché

- 150 g de Nestlé Dessert® Noir
- 200 g de farine
- 2 œufs
- 1 pincée de sel
- 50 cl de lait demi-écrémé
- 5 mangues fraîches (ou 450 g de mangues décongelées)
- 1 sachet de sucre vanillé
- 2 cuil. à café d'huile

Matériel

- Fouet ♦ Crêpière

1 Préparez la pâte à crêpes : cassez 100 g de chocolat noir en morceaux et faites-le fondre au four à micro-ondes pendant 1 min 30, à 500 W. Dans un saladier, versez la farine, puis ajoutez les œufs et le sel. Mélangez bien au fouet. Versez petit à petit le lait, puis le chocolat fondu. Mélangez de nouveau.

2 Faites chauffer la crêpière légèrement huilée. Versez-y une louche de pâte à crêpes quand elle est bien chaude. Faites cuire la crêpe pendant 1 à 2 min, puis retournez-la et laissez-la cuire encore 1 min. Recommencez jusqu'à épuisement de la pâte.

3 Découpez les mangues en gros dés. Faites-les cuire dans une casserole avec 5 cl d'eau et le sucre vanillé. Quand l'eau s'est complètement évaporée, réservez la compotée de mangues.

4 Dans une casserole, sur feu doux, faites fondre le chocolat restant, cassé en morceaux, avec 5 cl de crème pour préparer une sauce au chocolat.

5 Roulez les crêpes en cornets et garnissez-les de compotée de mangues, puis nappez de sauce au chocolat. Dégustez aussitôt.

Gâteau tout chocolat

10 min de préparation · 25 min de cuisson · 8 portions

Votre marché

- 1 tablette de 200 g de Nestlé Dessert® Noir
- 200 g de beurre + 1 noix pour le moule
- 4 œufs
- 150 g de sucre en poudre
- 80 g de farine + 1 cuil. à soupe pour le moule

Matériel

- Moule à manqué

1 Préchauffez le four à 200 °C (th. 6-7). Faites fondre le chocolat, cassé en morceaux, au bain-marie ou à feu doux. Ajoutez le beurre fondu.

2 Dans un saladier, mélangez les œufs, le sucre et la farine. Incorporez le chocolat fondu et mélangez jusqu'à l'obtention d'une pâte homogène.

3 Versez la préparation dans le moule à manqué, beurré et fariné. Enfournez pour 25 min de cuisson. Vous pouvez adapter le temps de cuisson pour obtenir un cœur plus ou moins fondant.

Muffins aux framboises, noix de coco et pépites de chocolat

15 min de préparation · 18 min de cuisson · 8 portions

Votre marché

- 150 g de Nestlé Dessert® Noir
- 1 yaourt à la grecque NESTLÉ
- 3 œufs
- 60 g de sucre en poudre
- 50 g de beurre fondu
- 4 cuil. à soupe de noix de coco râpée
- 1 cuil. à café de levure chimique
- 180 g de farine
- 200 g de framboises

Matériel

- Moules à muffins ou caissettes en papier

1 Préchauffez le four à 200 °C (th. 6-7). Hachez le chocolat noir en pépites.

2 Dans un saladier, mélangez le yaourt, les œufs, le sucre, le beurre fondu, la noix de coco, la levure et la farine. Ajoutez les pépites de chocolat, puis incorporez délicatement les framboises.

3 Remplissez de pâte les moules à muffins beurrés (ou les caissettes) et enfournez pour 18 min de cuisson.

Chocolat Noir

Cœurs coulants au gingembre

Préparation : 20 min — Cuisson : 7 min — Pour 4 coulants

Votre marché

- 90 g de Nestlé Dessert® Noir
- 50 g beurre mou + pour les cercles
- 2 œufs
- 55 g sucre en poudre
- 1 sachet de sucre vanillé
- 10 g de gingembre frais (1 cuil. à café râpé)
- 20 g de fécule de maïs + pour les cercles
- <u>Matériel</u>
- Robot
- Batteur électrique
- Râpe
- Papier sulfurisé
- 4 cercles à pâtisserie

1 Faites fondre le chocolat noir au bain-marie. Ajoutez-y le beurre et mélangez bien.

2 Séparez les blancs des jaunes d'œufs. Fouettez longuement les jaunes avec 40 g de sucre et 2 cuil. à soupe d'eau bouillante à l'aide d'un robot. Quand le mélange est pâle et bien épais, ajoutez le chocolat fondu et fouettez à nouveau jusqu'à ce qu'il soit bien incorporé.

3 Montez les blancs en neige, versez le reste de sucre et le sucre vanillé en fin de montage puis incorporez-les délicatement dans la préparation au chocolat.

4 Épluchez et râpez finement le gingembre. Mélangez doucement avec 4 généreuses cuillerées à soupe de préparation au chocolat. Incorporez la fécule de maïs dans le reste de la préparation au chocolat.

5 Préchauffez le four à 210 °C (th. 7). Beurrez les cercles et saupoudrez-les de fécule de maïs. Déposez-les sur une toile de cuisson ou une feuille de papier sulfurisé posée sur une plaque de four.

6 Déposez un fond de pâte sans gingembre dans chacun des cercles. Versez au centre la pâte au gingembre et recouvrez avec le reste de pâte sans gingembre. Faites cuire environ 7 min. Attention en sortant les cercles du four ; ils sont chauds et le restent encore une dizaine de minutes hors du four. Démoulez délicatement et servez rapidement.

Chocolat Noir

Mi-cuits au chocolat et piment d'Espelette

Préparation : 20 min
Réfrigération : 1 h
Cuisson : 15-20 min
Pour 4 mi-cuits

Votre marché

- 100 g de Nestlé Dessert® Noir
- 70 g de beurre
  + pour les cercles
- 2 petits jaunes d'œufs
- 50 g de sucre
- 1 sachet de sucre vanillé
- 3 blancs d'œufs
- 25 g de farine
  + pour les cercles
- 1/2 cuil. à café de piment d'Espelette
- Sucre glace pour le décor

Matériel

- Batteur électrique
- Papier sulfurisé
- 4 cercles à pâtisserie

1 Faites fondre le chocolat avec le beurre au bain-marie. Laissez tiédir hors du feu.

2 Pendant ce temps, battez les jaunes d'œufs avec 40 g de sucre, le sucre vanillé et 1 cuil. à soupe d'eau, au bain-marie, 5 min. Retirez du feu et battez encore pendant 5 min, puis incorporez le chocolat toujours en battant.

3 Montez les blancs d'œufs en neige. Ajoutez le reste de sucre en fin de montage (10 g). Incorporez délicatement les blancs en neige dans la préparation au chocolat. Prélevez deux tiers de la préparation et ajoutez-y la farine tamisée. Ajoutez le piment d'Espelette dans le dernier tiers de préparation. Placez au frais 1 h.

4 Préchauffez le four à 160 °C (th. 5). Beurrez les cercles et saupoudrez-les de farine. Déposez-les sur une toile de cuisson posée ou une feuille de papier sulfurisé sur une plaque de four. Répartissez la pâte dans les 4 cercles. Enfournez 15 à 20 min. Démoulez délicatement et laissez refroidir sur grille. Attention en sortant les cercles du four ; ils sont chauds et le restent encore une dizaine de minutes hors du four.

5 Coupez les gâteaux en deux, à mi-hauteur. Garnissez les moitiés inférieures des gâteaux de mousse au piment réservée, puis recouvrez-les avec les moitiés supérieures. Dégustez aussitôt ou réservez au frais. Saupoudrez de sucre glace au moment de servir.

Verrines de kiwis, ananas et ganache chocolat-coco

15 min de préparation
+ 30 min de réfrigération
3 min de cuisson
6 portions

Votre marché

- 1 tablette de 200 g de Nestlé Dessert® Noir
- 20 cl de crème liquide
- 30 g de noix de coco râpée
- 3 kiwis
- ½ ananas frais
- 30 g de sucre en poudre

Matériel

- 6 verrines

1 Cassez le chocolat noir en morceaux dans un saladier. Dans une casserole, faites chauffer la crème sur feu doux. Versez-la sur le chocolat et couvrez. Après 5 min, mélangez et incorporez la noix de coco râpée.

2 Versez la ganache au chocolat dans les verrines et placez-les au réfrigérateur pendant 30 min.

3 Pelez et coupez les fruits en petits dés. Répartissez-les dans les verrines.

4 Juste avant de servir, faites chauffer le sucre dans une poêle sur feu doux pour obtenir un caramel. Versez en faisant des zigzags sur chaque verrine.

Mousse au chocolat

20 min de préparation
+ 3 h de réfrigération

6 portions

Votre marché

- 1 tablette de 200 g de Nestlé Dessert® Noir
- 6 œufs
- 1 pincée de sel

Matériel

- Batteur électrique

1 Faites fondre le chocolat noir, cassé en morceaux, au bain-marie ou à feu doux. Lorsqu'il est complètement fondu, remuez délicatement pour obtenir une pâte bien lisse. Retirez du feu et laissez tiédir.

2 Séparez les jaunes d'œufs des blancs. Montez les blancs en neige très ferme avec le sel. Versez peu à peu le chocolat fondu sur les jaunes en mélangeant bien.

3 À l'aide d'une spatule, incorporez énergiquement un tiers des blancs en neige. Ajoutez le reste délicatement en soulevant la préparation de bas en haut pour bien répartir le chocolat sans faire tomber les blancs.

4 Laissez prendre la mousse au réfrigérateur pendant au moins 3 h. Servez bien frais.

Chocolat Noir

Tarte aux poires et chocolat croquant

15 min de préparation + 30 min de réfrigération · 22 min de cuisson · 6 portions

Votre marché

- 1 tablette de 200 g de Nestlé Dessert® Noir
- 1 pâte feuilletée prête à dérouler Herta®
- 2 poires
- 20 cl de crème liquide
- 1 œuf
- 2 cuil. à soupe de poudre d'amandes
- 1 cuil. à soupe de sucre en poudre

Matériel

- Moule à tarte

1 Préchauffez le four à 220 °C (th. 7). Faites fondre le chocolat noir, cassé en morceaux, au bain-marie. Déroulez la pâte dans un moule à tarte en conservant la feuille de cuisson. Piquez la pâte avec une fourchette. Nappez le fond de tarte de chocolat fondu. Pelez et découpez les poires en lamelles. Disposez-les sur le chocolat.

2 Dans un saladier, mélangez la crème, l'œuf, la poudre d'amandes et le sucre. Versez la préparation sur les poires.

3 Enfournez pour 20 min de cuisson. Laissez refroidir à température ambiante, puis placez la tarte au réfrigérateur pendant 30 min.

Crème onctueuse au chocolat, romarin et citrons confits

15 min de préparation + 2 h de réfrigération — 5 min de cuisson — 6 portions

Votre marché

- 1 tablette de 200 g de Nestlé Dessert® Noir
- 30 cl de lait demi-écrémé
- 20 cl de crème liquide
- 1 cuil. à café rase de romarin déshydraté
- 50 g de zestes de citrons confits

Matériel

- Passoire fine ♦ Mixeur ♦ 6 verres (ou tasses)

1 Dans une casserole, faites bouillir le lait et la crème. Ajoutez le romarin et laissez infuser pendant 5 min. Filtrez le tout à l'aide d'une passoire.

2 Cassez le chocolat noir en morceaux et faites-le fondre au four à micro-ondes, pendant 2 min à 500 W. Hachez finement les zestes de citron.

3 Versez le chocolat fondu et les zestes de citron hachés dans le lait au romarin. Mélangez pendant 1 min à l'aide du mixeur. Réservez au réfrigérateur 2 h.

4 Servez bien frais dans des verres, ou des tasses.

Chocolat Noir

Bûche au chocolat noir et marrons

30 min de préparation + 2 h de réfrigération · 23 min de cuisson · 12 portions

Votre marché

- 1 tablette de 200 g de Nestlé Dessert® Noir
- 3 œufs
- 100 g de sucre en poudre
- 90 g de farine
- 365 g de crème de marrons vanillée
- 50 g de crème fraîche épaisse
- 5 cl de rhum brun
- 160 g de lait concentré non sucré

Matériel

- Plaque à pâtisserie ♦ Papier sulfurisé
- Batteur électrique ♦ Pinceau de cuisine

1 Recouvrez la plaque de papier sulfurisé. Préchauffez le four à 220 °C (th. 7). Cassez les œufs dans un saladier et battez-les en neige au batteur électrique avec 90 g de sucre. Incorporez la farine et mélangez doucement pour ne pas faire retomber les œufs. Étalez la pâte sur la plaque et enfournez pour 15 min de cuisson.

2 Mélangez la crème de marrons et la crème fraîche dans un saladier. Réservez au réfrigérateur. Dans une casserole, préparez un sirop avec 10 g de sucre, le rhum et 10 cl d'eau. Portez le tout à ébullition pendant 3 min. Faites fondre le chocolat noir, en morceaux, avec le lait dans une casserole, Mélangez bien avec une spatule afin d'obtenir une crème bien lisse, sans trop faire chauffer.

3 Sortez le biscuit du four et retournez-le sur un torchon humide. Badigeonnez-le de sirop. Recouvrez-le aux deux tiers de la crème de marrons, puis faites-le rouler doucement en vous servant du linge comme levier.

4 Régularisez les extrémités du biscuit roulé. Déposez-le sur un plat et nappez-le délicatement de crème au chocolat. Faites des stries avec les dents d'une fourchette, y compris dans le fond du plat où le chocolat a coulé sur toute la surface de la buche. Placez au réfrigérateur pendant 2 h avant de servir.

Chocolat Noir

Choux mousse de chocolat noir, glaçage chocolat caramel, noisettes grillées

30 min de préparation + 2 h 30 de réfrigération — 23 min de cuisson — 6 personnes (24 choux)

Votre marché

- 100 g de chocolat Nestlé Dessert® Noir
- 100 g de chocolat Nestlé Dessert® Caramel
- 3 œufs moyens (53 à 63 g)
- 5 cl de crème liquide
- 50 g de noisettes entières

Pour la pâte à choux

♦ 100 g de farine ♦ 20 g de sucre en poudre ♦ 4 œufs moyens (53 à 63 g) ♦ 80 g de beurre en morceaux ♦ 10 cl de lait + 10 cl d'eau

Matériel

♦ Batteur électrique ♦ Plaque du four ♦ Papier sulfurisé

1 Réalisez la mousse au chocolat : cassez le chocolat noir en morceaux et faites-le fondre au four à micro-ondes pendant 1 min 30, à 750 W. Séparez les blancs des jaunes d'œufs, puis battez les blancs en neige. Ajoutez les jaunes au chocolat. Mélangez bien. Incorporez délicatement les blancs en neige. Placez 2 h au frais.

2 Préchauffez le four à 180 °C (th. 6). Dans une casserole, faites bouillir le lait, l'eau, le beurre et le sucre. Hors feu, ajoutez d'un coup la farine et desséchez la pâte 2 min à feu doux. Ajoutez un à un les œufs en mélangeant vivement entre chaque ajout.

3 Placez 24 noix de pâte à choux (2 cm de diamètre environ) sur la plaque du four couverte de papier sulfurisé. Faites cuire 25 min au milieu du four.

4 Concassez les noisettes, puis faites-les griller à la poêle. Ouvrez les choux en deux. Faites fondre le chocolat caramel avec la crème 1 min au four à micro-ondes à 500 W. Nappez-en le dessus des choux, ajoutez les noisettes et replacez-les au frais. Garnissez les bases des choux de mousse et refermez-les avec les dessus nappés.

Chocolat Noir

Riz au lait au chocolat et fruits

10 min de préparation + 20 min de réfrigération — 20 min de cuisson — 6 portions

Votre marché

- 150 g de Nestlé Dessert® Noir
- 50 cl de lait
- 20 cl de lait concentré non sucré
- 120 g de riz rond blanchi
- 1 poire
- 1 banane
- 6 feuilles de menthe
- 6 framboises

Matériel

- 6 verrines

1 Faites bouillir les laits dans une casserole. Ajoutez le riz et faites cuire environ 20 min en remuant constamment pour obtenir un riz crémeux.

2 Coupez le chocolat en grosses pépites à l'aide d'un bon couteau. Ajoutez-le dans la casserole hors du feu et mélangez une fois qu'il est fondu. Laissez tiédir.

3 Coupez la poire et la banane en petits dés, puis déposez-les dans le fond des 6 verrines. Ajoutez le riz au chocolat, puis ajoutez à nouveau des fruits. Décorez avec une feuille de menthe et une framboise. Placez au réfrigérateur 30 min.

Conseil : Si votre riz n'est pas blanchi, faites le précuire 3 min dans l'eau bouillante.

Mini-mug cakes au chocolat noir coulant

5 min de préparation + 2 min de repos — 3 min de cuisson — 4 mini-mugs

Votre marché

- 80 g de chocolat Nestlé Dessert® Noir (16 carrés)
- 80 g de beurre demi-sel (5 cuil. à soupe)
- 2 cuil. à soupe de sucre
- 2 cuil. à soupe de farine
- 2 pincées de levure chimique
- 2 œufs

1 Dans un bol, cassez le chocolat en petits morceaux. Ajoutez le beurre et faites fondre le tout pendant 1 min 30 au micro-ondes (750 W). Mélangez à l'aide d'une fourchette pour faire fondre les éventuels morceaux de chocolat restants.

2 Ajoutez le sucre puis la farine et la levure. Mélangez entre chaque ajout.

3 Cassez les œufs dans le bol et battez vigoureusement avec la fourchette jusqu'à ce que la pâte soit bien lisse.

4 Versez la préparation dans 4 mini-mugs et placez-les sur le plateau du micro-ondes. Faites cuire pendant 1 min 30 (750 W). Vérifiez la cuisson. Pour des mini-mugs fondants, faites cuire 20 s supplémentaires. Laissez reposer 2 min avant de déguster.

Mini-mug cakes coco et leur sauce au chocolat

10 min de préparation — 3 min de cuisson — 4 mini-mugs

Votre marché

- 30 g de chocolat Nestlé Dessert® Noir (6 carrés)
- 30 g de beurre (2 cuil. à soupe)
- 3 cuil. à soupe de noix de coco en poudre
- 2 cuil. à soupe de farine
- 1 pincée de levure chimique
- 3 cuil. à soupe de sucre
- 1 sachet de sucre vanillé
- 1 blanc d'œuf
- 3 cuil. à soupe de crème liquide

1 Dans un bol, faites fondre le beurre pendant 45 s au micro-ondes (750 W).

2 Ajoutez la noix de coco, la farine, la levure, le sucre et le sucre vanillé. Mélangez à l'aide d'une fourchette. Ajoutez le blanc d'œuf et mélangez à nouveau.

3 Versez la préparation dans 4 mini-mugs et placez-les sur le plateau du micro-ondes. Faites cuire pendant 1 min 30 (750 W). Vérifiez la cuisson en glissant un couteau le long de la paroi des mini-mugs. Remettez à cuire 20 s s'il reste du liquide sur le dessus ou dans le fond.

4 Dans un autre bol, faites fondre le chocolat cassé en morceaux avec la crème liquide pendant 45 s au micro-ondes (750 W). Mélangez à l'aide d'une fourchette pour faire fondre les éventuels morceaux de chocolat restants. Versez la sauce au chocolat sur les mini-mug cakes à la noix de coco et dégustez.

Chocolat Noir

Mini-mug cookies

5 min de préparation + 2 min de repos | 2 min 15 de cuisson | 4 mini-mugs

Votre marché

- 30 g de chocolat Nestlé Dessert® Noir (6 carrés)
- 30 g de beurre (2 cuil. à soupe)
- 3 cuil. à soupe de cassonade
- 2 jaunes d'œufs
- 6 gouttes d'arôme naturel de vanille
- 6 cuil. à soupe de farine

1. Dans un bol, faites fondre le beurre pendant 45 s au micro-ondes (750 W). Ajoutez la cassonade, les jaunes d'œufs, la vanille et mélangez.

2. Versez la farine et mélangez de nouveau. À l'aide d'un gros couteau, hachez grossièrement le chocolat pour en faire des pépites puis incorporez-les à la pâte.

3. Versez la préparation dans 4 mini-mugs et placez-les sur le plateau du micro-ondes. Faites cuire pendant 1 min 30 (750 W). Laissez reposer 2 min avant de déguster.

Chocolat Noir

Mini-mug brownie aux noix de pécan

5 min de préparation + 5 min de repos — 2 min 30 de cuisson — 4 mini-mugs

Votre marché

- 40 g de chocolat Nestlé Dessert® Noir (8 carrés)
- 30 g de beurre demi-sel (2 cuil. à soupe)
- 2 cuil. à soupe de sucre
- 2 cuil. à soupe de farine
- 1 œuf
- 1/2 cuil. à café d'arôme naturel de vanille
- 10 cerneaux de noix de pécan

1 Dans un bol, cassez le chocolat en petits morceaux. Ajoutez le beurre et faites fondre le tout pendant 1 min au micro-ondes (750 W). Mélangez à l'aide d'une fourchette pour faire fondre les éventuels morceaux de chocolat restants.

2 Ajoutez le sucre, la farine et mélangez.

3 Cassez l'œuf dans le bol et battez vigoureusement avec la fourchette jusqu'à ce que la pâte soit bien lisse. Ajoutez la vanille et les noix de pécan grossièrement hachées. Mélangez de nouveau.

4 Versez la préparation dans 4 mini-mugs et placez-les sur le plateau du micro-ondes. Faites cuire pendant 1 min 30 (750 W). Vérifiez la cuisson en glissant un couteau le long de la paroi des mini-mugs. Remettez à cuire 20 s s'il reste du liquide sur le dessus ou dans le fond. Laissez reposer 5 min avant de déguster.

Nestlé
dessert
Lait
Un chocolat 100% pur beurre de cacao, à la fonte parfaite, préparé avec soin à partir de fèves sélectionnées. Avec le Plan Cacao, Nestlé soutient les cultivateurs pour améliorer la qualité de leur cacao.
Cocoa Plan
PUR BEURRE DE CACAO · LAIT ENTIER ·
www.latableadessert.fr
Des centaines d'idées recettes faciles et rapides!

Chocolat au Lait

Fondant au chocolat au lait

10 min de préparation + 20 min de repos | 13 min de cuisson | 8 portions

Votre marché

- 2 tablettes de 170 g de Nestlé Dessert® au Lait
- 100 g de beurre + 1 noix pour le moule
- 30 g de sucre en poudre
- 50 g farine + 1 cuil. à soupe pour le moule
- 4 œufs

Matériel

- Moule à manqué

1 Préchauffez le four à 200 °C (th. 6-7).

2 Cassez en morceaux une tablette et demie de chocolat au lait. Faites-la fondre avec le beurre, au four à micro-ondes à 500 W, pendant 2 min. Hachez le reste du chocolat en pépites.

3 Dans un saladier, mélangez le chocolat fondu avec le sucre, la farine et les œufs. Beurrez et farinez le moule à manqué. Versez-y la préparation. Parsemez le dessus de pépites de chocolat.

4 Enfournez pour 11 min de cuisson. Laissez refroidir à température ambiante pendant 20 min avant de démouler.

Madeleines au chocolat au lait et noix de coco

15 min de préparation + 30 min de réfrigération | 20 min de cuisson | 8 portions

Votre marché

- 1 tablette de 170 g de Nestlé Dessert® au Lait
- 150 g de beurre + 1 noix pour le moule
- 4 œufs
- 100 g de sucre roux
- 180 g de farine + 1 cuil. à soupe pour le moule
- 1 sachet de levure chimique
- 4 cuil. à soupe bombées de noix de coco râpée

Matériel

- Plaque de moules à madeleines

1 Préchauffez le four à 200 °C (th. 6-7). Faites fondre le beurre dans une casserole sur feu doux, puis laissez-le tiédir. Dans un saladier, mélangez les œufs, le sucre et la farine. Ajoutez la levure et le beurre fondu.

2 Beurrez et farinez la plaque de moules à madeleines. Remplissez les alvéoles de pâte jusqu'à mi-hauteur. Enfournez pour 15 min de cuisson.

3 Faites fondre le chocolat au lait, cassé en morceaux, au four à micro-ondes à 500 W, pendant 2 min.

4 Démoulez les madeleines et trempez-les sur une face dans le chocolat fondu, puis dans la noix de coco râpée. Placez-les au réfrigérateur pendant au moins 30 min avant de servir.

Pain perdu et glace au chocolat au lait

20 min de préparation + 4 h de congélation — 10 min de cuisson — 4 portions

Votre marché

- 100 g de Nestlé Dessert® au Lait
- 20 cl de crème liquide
- 20 cl de lait demi-écrémé
- 1 œuf
- 1 cuil. à café de sucre en poudre
- 4 tranches de pain de mie brioché
- 1 cuil. à café d'huile

Matériel

- Plat à gratin

1 Cassez le chocolat au lait en morceaux dans un saladier. Dans une casserole, faites chauffer la crème sur feu doux. Versez-la sur le chocolat et mélangez bien. Placez le tout dans un plat à gratin et faites prendre 4 h au congélateur.

2 Mélangez le lait, l'œuf et le sucre dans une assiette creuse. Trempez les tranches de pain de mie brioché dedans et faites-les dorer dans une poêle huilée et bien chaude.

3 Servez le pain perdu accompagné d'une boule de glace au chocolat au lait.

Brioche perdue aux poires et chocolat au lait

15 min de préparation 20 min de cuisson 8 portions

Votre marché

- 100 g de Nestlé Dessert® au Lait
- 3 poires
- 10 tranches de brioche
- 40 cl de lait concentré non sucré
- 3 œufs
- 50 g de sucre en poudre

Matériel

- Fouet
- Plat à gratin

1 Préchauffez le four à 200 °C (th. 6-7). Pelez et coupez les poires en dés. À l'aide d'un grand couteau, hachez le chocolat en pépites. Coupez les tranches de brioche en deux, en diagonale, pour obtenir des triangles.

2 Dans un saladier, battez le lait, les œufs et le sucre. Trempez 6 morceaux de brioche dans cette préparation et disposez-les dans un plat à gratin. Répartissez dessus la moitié des dés de poires et des pépites de chocolat. Renouvelez l'opération et terminez par une couche de brioche de manière à former 6 pains perdus.

3 Versez le reste de lait dans le plat et enfournez pour 20 min de cuisson. Si vous souhaitez bien faire dorer votre brioche, vous pouvez terminer la cuisson par 2 min sous le gril.

Gratinées aux poires, chocolat au lait et croquant aux amandes

15 min de préparation 22 min de cuisson 4 portions

Votre marché

- 1 tablette de 170 g de Nestlé Dessert® au Lait
- 2 poires
- 5 cl de lait
- 15 cl de crème liquide
- 2 jaunes d'œufs
- 30 g de sucre en poudre
- 30 g d'amandes effilées

Matériel

- 4 plats à oreilles
- Papier sulfurisé

1 Préchauffez le four à 160 °C (th. 5). Cassez le chocolat en morceaux dans un saladier. Pelez et coupez les poires en lamelles.

2 Faites chauffer le lait et la crème dans une casserole, sur feu doux, quelques minutes. Versez le tout sur le chocolat. Ajoutez les jaunes d'œufs et mélangez. Répartissez la préparation dans les plats à oreilles, puis déposez les lamelles de poire dessus. Enfournez pour 18 min de cuisson.

3 Dans une poêle, faites fondre le sucre sur feu doux. Ajoutez les amandes lorsqu'il est bien doré et versez immédiatement le tout sur une feuille de papier sulfurisé. Laissez refroidir, puis concassez-le en gros morceaux. Piquez sur chaque gratinée un peu de croquant aux amandes.

Moelleux au chocolat au lait

10 min de préparation — 40 min de cuisson — 8 portions

Votre marché

- 1 tablette de 170 g de Nestlé Dessert® au Lait
- 100 g de Nestlé Dessert® Noir
- 3 œufs
- 100 g de beurre + 1 noix pour le moule
- 50 g de sucre en poudre
- 30 g de farine + 1 cuil. à soupe pour le moule
- 5 cl de crème liquide
- 8 boules de glace à la vanille

Matériel

- Batteur électrique
- Moule à cake

1 Préchauffez le four à 200 °C (th. 6-7). Séparez les jaunes d'œufs des blancs. Montez les blancs d'œufs en neige bien ferme. Cassez le chocolat au lait en morceaux et faites-le fondre avec le beurre, au four à micro-ondes à 500 W, pendant 2 min.

2 Placez le chocolat fondu dans un saladier, puis ajoutez les jaunes d'œufs, le sucre et la farine. Mélangez bien, puis incorporez les blancs montés en neige. Versez la préparation dans le moule à cake, beurré et fariné.

3 Enfournez pour 25 min de cuisson. Pendant ce temps, faites fondre dans une casserole, sur feu très doux, le chocolat noir, cassé en morceaux, avec la crème.

4 Démoulez le moelleux et découpez 3 petites tranches par personne. Déposez une boule de crème glacée dessus et nappez le tout de chocolat noir fondu. Servez immédiatement.

Crêpes au chocolat, bananes et poires

10 min de préparation · 18 min de cuisson · 5 portions

Votre marché

- 1 tablette de 170 g de Nestlé Dessert® au Lait
- 3 œufs
- 100 g de farine
- 30 cl de lait demi-écrémé
- 2 poires
- 2 bananes
- 2 gousses de vanille
- Huile pour la cuisson

Matériel

- 10 piques en bois

1 Faites fondre le chocolat au lait, cassé en morceaux, au four à micro-ondes à 500 W, pendant 2 min. Mélangez le chocolat fondu avec les œufs, la farine, puis le lait en le versant petit à petit.

2 Pelez les fruits et coupez-les en petits dés. Faites-les revenir pendant 5 min dans une poêle, sans matière grasse et sur feu moyen, avec les gousses de vanille fendues et grattées.

3 Réalisez 5 crêpes assez épaisses dans une poêle légèrement huilée. Dans chaque crêpe, déposez une portion de fruits au centre, sur toute la longueur. Repliez les côtés de la crêpe pour éviter que la garniture ne sorte et roulez-la. Coupez-la en biseaux et maintenez les demi-crêpes roulées avec des piques en bois.

Gâteaux moelleux aux noix, pommes et chantilly au chocolat au lait

15 min de préparation + 30 min de réfrigération — 18 min de cuisson — 8 portions

Votre marché

- 1 tablette de 170 g de Nestlé Dessert® au Lait
- 15 cl de crème fleurette
- 4 gros œufs
- 50 g de cerneaux de noix
- 80 g de beurre fondu + 1 noix pour la plaque
- 90 g de farine + 1 cuil. à soupe pour la plaque
- 90 g de sucre en poudre
- 3 pommes golden

Matériel

- Siphon à chantilly ♦ Batteur électrique
- Mixeur ♦ Plaque à pâtisserie

1 Préchauffez le four à 200 °C (th. 6-7). Faites chauffer la crème au four à micro-ondes à 500 W, pendant 3 min, et versez-la sur le chocolat au lait cassé en morceaux. Mélangez bien et placez le tout dans un siphon à chantilly.

2 Séparez les jaunes d'œufs des blancs. Montez les blancs d'œufs en neige bien ferme. Mixez les noix.

3 Dans un saladier, mélangez le beurre fondu, la farine, 60 g de sucre, les noix mixées et les jaunes d'œufs. Incorporez les blancs. Versez la pâte sur la plaque du four, beurrée et farinée, sans trop étaler (2 cm d'épaisseur). Enfournez pour 9 min de cuisson.

4 Pelez les pommes, coupez-les en petits dés et faites-les poêler avec 30 g de sucre, sur feu doux, pendant 6 min. Découpez des cercles de 7 cm de diamètre dans le biscuit. Dans chaque assiette, déposez un rond de biscuit, ajoutez une couche de pommes, puis de la chantilly au chocolat au lait. Placez au réfrigérateur 30 min.

Bouchées au chocolat au lait et noisettes

15 min de préparation 14 min de cuisson 10 portions

Votre marché

- 1 tablette de 170 g de Nestlé Dessert® au Lait
- 150 g de beurre
- 125 g de noisettes entières décortiquées
- 3 œufs
- 150 g de sucre en poudre
- 200 g de farine

Matériel

- 20 caissettes en papier de la taille des bouchées
- Plaque à pâtisserie

1 Préchauffez le four à 220 °C (th. 7). Dans une petite casserole, faites fondre le beurre sur feu doux, puis laissez-le refroidir à température ambiante.

2 Cassez le chocolat au lait en morceaux et faites-le fondre au four à micro-ondes à 500 W, pendant 2 min. Hachez grossièrement les noisettes.

3 Dans un saladier, mélangez les œufs, le sucre, la farine, le beurre, le chocolat et les noisettes.

4 Déposez les caissettes en papier sur la plaque du four et remplissez-les aux deux tiers de pâte. Enfournez pour 10 min de cuisson.

Cake aux bananes et pépites de chocolat au lait

10 min de préparation — 40 min de cuisson — 10 portions

Votre marché

- 1 tablette de 170 g de Nestlé Dessert® au Lait
- 3 bananes pas mûres
- 100 g de beurre + 1 noix pour le moule
- 80 g de sucre en poudre
- 4 œufs
- 120 g de farine + 1 cuil. à soupe pour le moule
- 1 sachet de levure chimique
- 1 cuil. à café de vanille liquide
- 1 cuil. à soupe bombée de noix de coco râpée

Matériel

- Moule à cake ♦ Papier d'aluminium

1 Préchauffez le four à 200 °C (th. 6-7).

2 Épluchez et coupez les bananes en dés. Coupez le chocolat au lait en pépites. Beurrez et farinez le moule.

3 Faites fondre le beurre dans un saladier. Ajoutez le sucre, les œufs et mélangez bien. Incorporez la farine, puis la levure, la vanille, les dés de bananes et la moitié des pépites de chocolat. Remplissez le moule de pâte et parsemez le dessus des pépites restantes, en les enfonçant légèrement. Saupoudrez enfin de noix de coco râpée.

4 Enfournez pour 40 min de cuisson. Pour éviter que le dessus du cake ne colore trop, au bout de 30 min de cuisson, couvrez-le d'une feuille de papier d'aluminium.

Gâteau coccinelle

25 min de préparation
+ 1 h de réfrigération

30 min de cuisson

10 portions

Votre marché

- 1 tablette de 170 g de Nestlé Dessert® au Lait
- 50 g de Nestlé Dessert® Noir
- 1 grosse pomme
- 5 œufs
- 250 g de fromage blanc battu
- 100 g de sucre en poudre
- 100 g de farine
- 2 cuil. à soupe d'huile
- 5 cl de crème liquide
- 30 fraises bonbons

Matériel
- Râpe à légumes
- Batteur électrique
- Moule à gâteau ovale
- Poche à douille (option)

1 Préchauffez le four à 200 °C (th. 6-7). Épluchez et râpez la pomme. Séparez les jaunes d'œufs des blancs. Montez les blancs en neige bien ferme. Dans un saladier, mélangez les jaunes d'œufs, le fromage blanc, le sucre, la farine et l'huile. Incorporez les blancs montés en neige.

2 Faites fondre le chocolat au lait, cassé en morceaux, au four à micro-ondes à 300 W pendant 3 min. Séparez la pâte en deux. Incorporez le chocolat fondu dans la première moitié et, dans l'autre, ajoutez la pomme râpée. Remplissez le moule ovale, beurré et fariné, en alternant les 2 pâtes. Enfournez pour 25 min de cuisson. Laissez refroidir et démoulez.

3 Faites chauffer la crème et les bonbons dans une petite casserole, jusqu'à ce qu'ils soient fondus. Laissez tiédir, puis versez sur les trois quarts du gâteau. Faites fondre le chocolat noir, cassé en morceaux, au four à micro-ondes à 500 W avec 2 cuil. à soupe d'eau, pendant 2 min. Dessinez la tête, les pois et la séparation des ailes avec le chocolat fondu en utilisant une poche à douille ou une cuillère. Placez au réfrigérateur pendant 1 h avant de servir.

Croq'choco fruits

15 min de préparation · 6 min de cuisson · 4 portions

Votre marché

- 80 g de Nestlé Dessert® au Lait
- 2 poires
- 1 banane
- 8 tranches de pain de mie brioché
- 4 cuil. à soupe de compote de pommes
- 1 noix de beurre

Matériel

- Pinceau de cuisine
- Plaque à pâtisserie
- Papier sulfurisé

1 Préchauffez le four à 220 °C (th. 7). Pelez les poires et coupez-les en petits dés. Coupez la banane en rondelles. Hachez le chocolat en pépites.

2 Déposez une tranche de pain de mie sur une plaque à pâtisserie recouverte de papier sulfurisé, nappez-la de compote puis ajoutez un peu de fruits et de chocolat haché. Recouvrez d'une nouvelle tranche de pain de mie et appuyez dessus pour réaliser les croques.

3 Dans un bol, faites fondre le beurre au four à micro-ondes, 20 s à 500 W. Badigeonnez-en le dessus des croques avec un pinceau.

4 Enfournez pour 6 min de cuisson.

Tarte givrée à la noix de coco

10 min de préparation + 2 h de réfrigération
20 min de cuisson
8 portions

Votre marché

- 2 tablettes de 170 g de Nestlé Dessert® au Lait
- 1 pâte sablée prête à dérouler
- 10 cl de lait de coco
- 2 cuil. à soupe de noix de coco râpée

Matériel

- Moule à tarte
- Papier sulfurisé + haricots secs pour la cuisson

1 Préchauffez le four à 220 °C (th. 7). Déroulez la pâte dans le moule à tarte en conservant la feuille de cuisson. Ajoutez du papier sulfurisé dessus et des haricots secs. Faites-la cuire à blanc.

2 Cassez le chocolat au lait en morceaux dans un saladier. Faites chauffer le lait de coco au four à micro-ondes à pleine puissance, pendant 1 min. Versez sur le chocolat et couvrez. Attendez 2 min, puis mélangez bien.

3 Versez cette préparation sur la pâte et placez le tout au réfrigérateur pendant 2 h. Au moment de servir, saupoudrez de noix de coco râpée.

Bonbons croustillants au chocolat au lait et fruits

20 min de préparation · 10 min de cuisson · 6 portions

Votre marché

- 1 tablette de 170 g de Nestlé Dessert® au Lait
- 2 bananes
- 1 pomme
- 4 palets bretons
- 3 feuilles de brick

Matériel

- Pinceau de cuisine
- Papier sulfurisé
- Plaque à pâtisserie
- Ficelle de cuisine

1 Préchauffez le four à 200 °C (th. 6-7). Pelez les fruits et coupez-les en petits dés. Concassez les biscuits.

2 Cassez le chocolat au lait en morceaux dans un bol et faites-le fondre au four à micro-ondes à 500 W, pendant 2 min. Coupez les feuilles de brick en deux et badigeonnez-les de chocolat fondu.

3 Disposez les demi-feuilles côté arrondi vers le bas. Déposez au bord de l'arrondi, sur 8 cm, des fruits et des miettes de biscuits. Roulez vers le haut et ficelez chaque côté comme le papier d'un bonbon.

4 Déposez les bonbons sur la plaque du four, recouverte de papier sulfurisé. Enfournez pour 8 min de cuisson.

Cookies chocolat-noisettes

10 min de préparation 8 min de cuisson

Votre marché

- 1 tablette de 170 g de Nestlé Dessert® au Lait
- 50 g de noisettes entières
- 100 g de farine
- 75 g de sucre en poudre
- 50 g de poudre d'amandes
- 1 œuf
- 5 g de levure chimique
- 70 g de beurre

Matériel

- Plaque à pâtisserie
- Papier sulfurisé

1 Préchauffez votre four à 200°C (th. 6-7). Hachez grossièrement les noisettes.

2 Dans un saladier, mélangez le beurre ramolli, le sucre, l'œuf, la farine, la levure et la poudre d'amandes. Ajoutez le chocolat coupé en petits morceaux avec un couteau.

3 Sur la plaque de votre four recouverte de papier sulfurisé, disposez des petits tas de pâte. Parsemez-les de noisettes.

4 Enfournez 8 min. Faites une deuxième fournée si nécessaire !

Millefeuilles de fruits au chocolat au lait

15 min de préparation | 13 min de cuisson | 8 portions

Votre marché

- 1 tablette de 170 g de Nestlé Dessert® au Lait
- 3 caramels mous
- 50 g de beurre
- 2 œufs
- 2 cuil. à soupe de farine
- 2 cuil. à soupe de sucre en poudre
- 3 kiwis
- 2 oranges

Matériel

- Papier sulfurisé
- Emporte-pièce rond de 5 cm de diamètre

1 Préchauffez le four à 200 °C (th. 6-7). Coupez les caramels mous en petits dés.

2 Faites fondre le chocolat, cassé en morceaux, avec le beurre, coupé en morceaux, et 2 cuil. à soupe d'eau dans un saladier au four à micro-ondes, pendant 2 min à 500 W. Ajoutez les œufs, la farine et le sucre. Mélangez bien.

3 Recouvrez la plaque à pâtisserie d'une feuille de papier sulfurisé. Á l'aide de l'emporte-pièces, déposez des petits ronds de pâte dessus. Répartissez les dés de caramel mou sur les ronds de pâte. Enfournez pour 11 min de cuisson.

3 Pelez et coupez les fruits en fines rondelles.

4 Préparez 8 millefeuilles. Déposez un biscuit, puis une couche de fruits et renouvelez l'opération. Servez-les aussitôt.

Variante : Pour un peu de croquant, saupoudrez les palets d'amandes effilées avant d'enfourner.

Cookies au chocolat au lait

10 min de préparation · 10 min de cuisson · 10 portions

Votre marché

- 1 tablette de 170 g de Nestlé Dessert® au Lait
- 100 g de beurre mou
- 75 g de sucre en poudre
- 1 œuf
- 100 g de farine
- 50 g de poudre d'amandes

Matériel
- Plaque à pâtisserie
- Papier sulfurisé

1 Préchauffez le four à 200 °C (th. 6-7). À l'aide d'un couteau, hachez le chocolat au lait en pépites.

2 Mélangez le beurre mou avec le sucre, l'œuf, la farine, la poudre d'amandes et les pépites de chocolat. Mélangez bien.

3 Déposez des petits tas de pâte sur la plaque du four recouverte de papier sulfurisé, en les espaçant car les cookies vont s'étaler à la cuisson. Enfournez pour 8 à 10 min de cuisson. Faites une deuxième fournée si nécessaire.

Clémentines chocolatées et chantilly au chocolat au lait

15 min de préparation + 1 h de réfrigération — 5 min de cuisson — 6 portions

Votre marché

- 150 g de Nestlé Dessert® au Lait
- 100 g de Nestlé Dessert® Noir
- 6 clémentines
- 15 cl de crème fleurette
- 2 palets bretons

Matériel

- Papier sulfurisé ♦ Siphon

1 Pelez les clémentines et séparez-les en deux. Cassez le chocolat noir en morceaux et faites-le fondre dans un bol au four à micro-ondes pendant 1 min 30 à 500 W. Trempez le côté arrondi de chaque demi-clémentine dans le chocolat fondu et posez ce même côté sur une feuille de papier sulfurisé. Placez-les au réfrigérateur pendant 1 h.

2 Faites fondre le chocolat au lait, cassé en morceaux, avec la crème dans une petite casserole, sur feu doux. Mélangez bien et versez le tout dans le siphon. Fermez et enclenchez une cartouche de gaz.

3 Servez chaque demi-clémentine avec un gros chou de chantilly au chocolat au lait et parsemez de biscuits émiettés.

Muffins marbrés à l'abricot

20 min de préparation 14 min de cuisson 8 portions

Votre marché

- 100 g de Nestlé Dessert® au Lait
- 50 g de beurre fondu
- 2 œufs
- 60 g de farine
- 2 cuil. à soupe de sucre en poudre
- 1 cuil. à café de levure
- 4 abricots

Matériel

- 8 caissettes en papier

1 Préchauffez le four à 200 °C (th. 6-7). Dans un saladier, mélangez le beurre fondu avec les œufs, la farine, le sucre et la levure.

2 Dans un saladier, faites fondre le chocolat au lait, cassé en morceaux, au four à micro-ondes pendant 1 min 30 à 500 W. Mélangez le chocolat fondu et ajoutez-y la moitié de la pâte.

3 Remplissez les caissettes à moitié en alternant couches de pâte nature et couches de pâte au chocolat. Déposez 1 demi-abricot par-dessus. Enfournez pour 12 min de cuisson.

Conseil : Si vous n'avez pas de caissettes en papier, remplacez-les par des ramequins et faites cuire, dans ce cas, pendant 20 min.

Muffins au chocolat au lait

10 min de préparation — 13 min de cuisson — 8 portions

Votre marché

- 1 tablette de 170 g Nestlé Dessert® au Lait
- 150 g de beurre + 1 noix pour le moule
- 3 œufs
- 150 g de sucre en poudre
- 200 g de farine + 1 cuil. à soupe pour le moule
- ½ sachet de levure

Matériel

- Moules à muffins ou caissettes en papier

1 Préchauffez le four à 220 °C (th. 7).

2 Faites fondre le chocolat, cassé en morceaux, avec le beurre au four à micro-ondes à 500 W, pendant 2 min.

3 Mettez le tout dans un saladier. Ajoutez les œufs, le sucre, la farine et la levure. Mélangez bien.

4 Versez la préparation dans des moules à muffins beurrés et farinés (ou dans des caissettes) en les remplissant aux deux tiers. Faites cuire 12 à 13 min.

Muffins chocolat, poires et noisettes

10 min de préparation 15 min de cuisson 12 portions

Votre marché

- 1 tablette de 170 g Nestlé Dessert® au Lait
- 2 petites poires
- 50 g de noisettes
- 100 g de farine
- 80 g de sucre en poudre
- 3 œufs
- 100 g de beurre
- 1/2 sachet de levure chimique

1 Préchauffez le four à 220 °C (th. 7). Concassez les noisettes et faites-les griller dans une poêle à feu vif.

2 Dans un saladier, faites fondre le chocolat avec le beurre au four à micro-ondes 2 min à 500 W.

3 Ajoutez les œufs, le sucre, la farine, la levure, les noisettes, puis les poires épluchées et coupées en petits dés. Mélangez.

4 Versez la préparation dans des moules à muffins beurrés jusqu'aux deux tiers de leur hauteur. Enfournez 15 min.

Fondants chocolat au lait et pêches

Préparation : 30 min
Réfrigération : 1 h
Cuisson : 15-20 min
Pour 4 fondants

Votre marché

- 100 g de Nestlé Dessert® Lait
- 60 g de beurre + pour les cercles
- 2 œufs
- 50 g de sucre
- 30 g de farine + pour les cercles
- 6 moitiés de pêche au sirop
- 4 cuil. à soupe d'amandes effilées

Matériel

- Batteur électrique
- Papier sulfurisé
- 4 cercles à pâtisserie

1 Faites fondre le chocolat avec le beurre au bain-marie ou au four à micro-ondes. Laissez tiédir.

2 Dans un saladier, battez les œufs avec le sucre jusqu'à ce que le mélange blanchisse. Ajoutez le chocolat fondu puis la farine. Réservez la préparation au froid pendant 1 h.

3 Préchauffez le four à 190 °C (th. 6). Badigeonnez les cercles de beurre et saupoudrez-les de farine. Déposez-les sur une toile de cuisson ou une feuille de papier sulfurisé posée sur une plaque de four. Découpez les moitiés de pêche en fines tranches. Déposez une couche de lamelles de pêche au fond de chaque cercle, recouvrez d'une couche de pâte, déposez une nouvelle couche de lamelles de pêche et terminez par une couche de pâte. Enfournez 15 à 20 min. Attention en sortant les cercles du four ; ils sont chauds et le restent encore une dizaine de minutes hors du four.

4 Pendant la cuisson, versez les amandes effilées dans une poêle et faites-les griller à sec. Réservez dans une assiette.

5 Démoulez les fondants, retournez-les de façon à ce que les pêches se retrouvent au-dessus et laissez refroidir sur une grille. Dégustez tiède ou froid, parsemé d'amandes effilées grillées.

Variante : Vous pouvez remplacer le Nestlé Dessert® Lait par la même quantité de Nestlé Dessert® Caramel.

Tartelettes à la ganache chocolat au lait et poires

20 min de préparation + 1 h de réfrigération
12 min de cuisson
4 portions

Votre marché

- 1 tablette de 170 g de Nestlé Dessert® au Lait
- 1 pâte brisée prête à dérouler Herta®
- 10 cl de crème liquide
- 1 poire
- 30 g de sucre en poudre

Matériel

- 4 moules à tartelette

1 Préchauffez le four à 200 °C (th. 6-7). Découpez 4 cercles dans la pâte brisée de façon à ce qu'elle recouvre bien chaque moule à tartelette. Faites-les cuire à blanc après les avoir recouverts de papier sulfurisé et de légumes secs.

2 Faites fondre le chocolat, cassé en morceaux, avec la crème au four à micro-ondes à 500 W, pendant 2 min. Nappez les tartelettes de cette ganache, puis laissez prendre au frais pendant 1 h.

3 Épluchez et découpez la poire en lamelles. Faites-les revenir dans une poêle, sur feu doux, avec le sucre. Laissez-les refroidir à température ambiante, puis disposez-les sur les tartelettes.

Chaussons aux fruits et chocolat au lait

20 min de préparation · 15 min de cuisson · 4 portions

Votre marché

- 60 g de Nestlé Dessert® au Lait
- 1 banane
- 1 orange
- 1 poire
- 1 pâte feuilletée prête à dérouler Herta®
- 1 jaune d'œuf
- 1 cuil. à soupe de pralin

Matériel

- Plaque à pâtisserie

1 Préchauffez le four à 220 °C (th. 7). Pelez et coupez les fruits en dés. À l'aide d'un couteau, coupez les carrés de chocolat en deux.

2 Découpez 4 grands ronds dans la pâte feuilletée en conservant la feuille de cuisson et en faisant un minimum de chute. Déposez-les sur la plaque à pâtisserie. Garnissez chaque moitié de rond de fruits et de chocolat. Refermez les chaussons en appuyant bien sur les bords pour les souder.

3 Badigeonnez les chaussons de jaune d'œuf et saupoudrez de pralin. Laissez cuire, dans la partie basse du four, pendant 15 min.

Île flottante au chocolat et pistaches caramélisées

15 min de préparation + 1 h de réfrigération
15 min de cuisson
4 portions

Votre marché

- 1 tablette de 170 g de Nestlé Dessert® au Lait
- 50 cl de lait demi-écrémé
- 4 œufs
- 2 cuil. à soupe de sucre en poudre
- 1 cuil. à soupe de pistaches non salées

Matériel

- Batteur électrique
- Papier sulfurisé

1 Faites tiédir le lait dans une casserole, puis ajoutez le chocolat cassé en morceaux. Remuez délicatement. Dans un saladier, battez les jaunes d'œufs et ajoutez-y le lait au chocolat. Mélangez bien.

2 Versez de nouveau ce mélange dans la casserole et laissez épaissir, sur feu doux, pendant 10 min, sans cesser de remuer et sans faire bouillir. La crème doit napper la cuillère. Laissez refroidir pendant 1 h au réfrigérateur.

3 Montez les blancs d'œufs en neige bien ferme. Mettez de l'eau à chauffer dans une casserole. À l'aide d'une cuillère, faites des quenelles de blanc d'œuf et laissez-les cuire 1 min de chaque côté en les déposant sur l'eau frémissante.

4 Faites chauffer le sucre dans une poêle, sans eau. Lorsqu'il est fondu et coloré, ajoutez les pistaches hachées et versez immédiatement sur du papier sulfurisé. Laissez refroidir et concassez les pistaches.

5 Dressez les assiettes : la crème en premier, puis les quenelles et enfin les pistaches.

Gâteau marbré au chocolat au lait

15 min de préparation 40 min de cuisson 8 portions

Votre marché

- 1 tablette de 170 g de Nestlé Dessert® au Lait
- 140 g de farine
- 70 g de sucre en poudre
- 1 sachet de sucre vanillé
- 5 œufs
- 100 g de beurre
- 1 pincée de sel

Matériel

- Moule à cake

1 Préchauffez le four à 180°C (th. 6). Cassez le chocolat en petits morceaux et faites-le fondre au micro-ondes 1 min à 500 W avec 2 cuil. à soupe d'eau.

2 Séparez les jaunes des blancs d'œufs. Dans un saladier, fouettez les jaunes avec le sucre jusqu'à ce que le mélange blanchisse.

3 Faites fondre le beurre dans une petite casserole sur feu doux et ajoutez-le au mélange jaunes d'œufs-sucre. Incorporez la farine.

4 Dans un saladier, battez les blancs d'œufs en neige ferme avec une pincée de sel et incorporez-les délicatement à la préparation.

5 Séparez la pâte en deux. Ajoutez le chocolat fondu dans une moitié et le sachet de sucre vanillé dans l'autre moitié. Versez les deux pâtes en les alternant dans un moule à cake beurré et fariné.

6 Enfournez environ 40 min. Le gâteau piqué au centre doit être très moelleux. Démoulez-le et laissez-le refroidir sur une grille avant de servir.

Soufflés au chocolat

20 min de préparation · 12 min de cuisson · 6 portions

Votre marché

- 1 tablette de 170 g de Nestlé Dessert® au Lait
- 2 œufs entiers + 1 blanc d'œuf
- 15 cl de lait
- 40 g de sucre glace
- 10 g de fécule de maïs
- 1 noix de beurre

Matériel

- 6 ramequins
- Batteur électrique

1 Préchauffez votre four à 180 °C (th. 6).

2 Coupez 30 g de chocolat en petits morceaux. Faites fondre le reste du chocolat au lait dans un saladier 2 min au micro-ondes à 500 W.

3 Dans une casserole, faites bouillir le lait avec la fécule de maïs puis ajoutez-le au chocolat fondu. Versez cette préparation sur le mélange jaunes d'œufs-sucre. Laissez refroidir.

4 Battez les blancs d'œufs en neige et incorporez-les délicatement à la préparation. Ajoutez les morceaux de chocolat.

5 Versez la préparation dans des ramequins beurrés et enfournez 12 min.

Milk shake chocolat-bananes

20 min de préparation   6 portions

Votre marché

- 1 tablette de 170 g de Nestlé Dessert® au Lait
- 2 bananes
- 30 cl de lait
- 2 boules de glaces vanille

1 Faites fondre le chocolat dans le lait au four à micro-ondes 2 min à 500 W. Pelez et coupez les bananes en morceaux.

2 Mixez ensemble le lait chocolaté, la glace vanille et les bananes. Servez aussitôt.

Choux feuilletés, crème au chocolat au lait et Smarties®

25 min de préparation
+ 2 h de réfrigération

14 min de cuisson

6-7 personnes
(20 choux)

Votre marché

- 1 tablette de 170 g de Nestlé Dessert® au Lait
- 100 g de Nestlé Dessert® Praliné
- 1 pâte feuilletée Trésor de Grand-Mère HERTA®
- 25 cl de lait
- 2 jaunes d'œufs
- 30 g de sucre en poudre
- 2 cuil. à soupe bombées de farine
- 2 boîtes de mini-Smarties®

Matériel

♦ Plaque de four ♦ Papier sulfurisé

1 Dans une casserole, faites chauffer le lait avec le chocolat au lait en morceaux à feu doux. Dans un saladier, fouettez les jaunes d'œufs et le sucre. Ajoutez la farine. Versez peu à peu le lait chocolaté, mélangez. Reversez cette crème pâtissière dans la casserole et laissez épaissir à feu moyen 2 min env. Laissez refroidir et placez au frais 2 h.

2 Préchauffez le four à 210 °C (th. 7). Déroulez la pâte feuilletée et découpez des cercles de 5 cm de diamètre. Déposez-les sur la plaque du four couverte de papier sulfurisé. Faites cuire 12 à 14 mn. Laissez refroidir. Ouvrez-les délicatement en 2 demi-coques.

3 Faites fondre le chocolat praliné cassé en morceaux au four à micro-ondes pendant 1 min 30, à 750 W. Garnissez les choux feuilletés avec la crème, refermez-les et nappez-les de chocolat praliné. Décorez avec les Smarties®. Placez-les au frais 2 min avant de les déguster.

Mini-mug cakes au chocolat au lait et coulis de fraises

10 min de préparation — 2 min 30 de cuisson — 4 mini-mugs

Votre marché

- 30 g de chocolat Nestlé Dessert® Lait (6 carrés)
- 30 g de beurre (2 cuil. à soupe)
- 1 cuil. à soupe de sucre + 1 cuil. à café
- 1 œuf
- 2 cuil. à soupe de lait
- 3 cuil. à soupe de farine
- 1 pincée de levure chimique
- 5 belles fraises + 4 pour la décoration
- 3 feuilles de menthe

1 Dans un bol, cassez le chocolat au lait en petits morceaux. Ajoutez le beurre et faites fondre le tout 1 min au micro-ondes (750 W). Mélangez à l'aide d'une fourchette pour faire fondre les éventuels morceaux de chocolat restants. Ajoutez 1 cuil. à soupe de sucre et mélangez.

2 Cassez l'œuf dans le bol puis versez le lait. Mélangez vigoureusement. Ajoutez la farine, la levure et mélangez de nouveau jusqu'à obtenir une pâte bien lisse.

3 Versez la préparation dans 4 mini-mugs et placez-les sur le plateau du micro-ondes. Faites cuire 1 min 30 (750 W). Vérifiez la cuisson en glissant un couteau le long de la paroi des mini-mugs. Remettez à cuire 20 s s'il reste du liquide sur le dessus ou dans le fond.

4 Mixez les 5 fraises avec 1 cuil. à café de sucre et les feuilles de menthe. Versez le coulis sur le dessus des mini- mug cakes, ajoutez 1 fraise coupée en lamelles et servez immédiatement.

Mini-mugs clafoutis au chocolat au lait et cerises

5 min de préparation + 15 min de repos — 3 min de cuisson — 4 mini-mugs

Votre marché

- 40 g de chocolat Nestlé Dessert® Lait (8 carrés)
- 5 cuil. à soupe de lait
- 1 œuf
- 1 cuil. à soupe de sucre
- 1 cuil. à café bombée de farine
- 8 belles cerises dénoyautées

1 Dans un bol, cassez le chocolat au lait en petits morceaux. Ajoutez le lait et faites fondre le tout pendant 1 min au micro-ondes (750 W). Mélangez à l'aide d'une fourchette pour faire fondre les éventuels morceaux de chocolat restants.

2 Cassez l'œuf dans le bol et mélangez vigoureusement. Ajoutez le sucre, la farine et mélangez de nouveau jusqu'à obtenir une pâte bien lisse.

3 Versez la préparation dans 4 mini-mugs et déposez 2 cerises dans chacun.

4 Placez les 4 mini-mugs sur le plateau du micro-ondes et faites cuire pendant 2 min (750 W). Vérifiez la cuisson en glissant un couteau le long de la paroi des mini-mugs. Remettez à cuire 20 s s'il reste du liquide sur le dessus ou dans le fond. Laissez reposer 15 min avant de déguster.

Mini-mug cakes au fromage blanc et chocolat au lait

10 min de préparation + 15 min de repos — 3 min 45 de cuisson — 4 mini-mugs

Votre marché

- 50 g de chocolat Nestlé Dessert® Lait (10 carrés)
- 2 cuil. à soupe de lait
- 1 œuf
- 2 cuil. à soupe de sucre
- 3 cuil. à soupe de farine
- 1 pincée de levure chimique
- 3 cuil. à soupe de fromage blanc
- 1 cuil. à soupe de crème fraîche
- 1/2 cuil. à café d'arôme naturel de vanille

1 Dans un bol, cassez le chocolat au lait en petits morceaux. Ajoutez le lait et faites fondre le tout pendant 45 s au micro-ondes (750 W). Mélangez à l'aide d'une fourchette pour faire fondre les éventuels morceaux de chocolat restants.

2 Cassez l'œuf dans le bol et mélangez vigoureusement. Ajoutez le sucre, la farine et la levure chimique. Mélangez de nouveau. Incorporez le fromage blanc, la crème fraîche et la vanille.

3 Versez la préparation dans 4 mini-mugs et placez-les sur le plateau du micro-ondes. Faites cuire pendant 3 min (750 W). Vérifiez la cuisson en glissant un couteau le long de la paroi des mini-mugs. Remettez à cuire 20 s s'il reste du liquide sur le dessus ou dans le fond. Laissez refroidir pendant 15 min avant de déguster.

Mini-mug cakes marbrés au chocolat au lait et vanille

10 min de préparation + 15 min de repos — 3 min de cuisson — 4 mini-mugs

Votre marché

- 30 g de chocolat Nestlé Dessert® Lait (6 carrés)
- 30 g de beurre (2 cuil. à soupe)
- 2 cuil. à soupe de sucre
- 1 œuf
- 3 cuil. à soupe de lait
- 3 cuil. à soupe de farine
- 1 pincée de levure chimique
- 1/2 cuil. à café d'arôme naturel de vanille

1 Dans un bol, faites fondre le beurre pendant 20 s au micro-ondes (750 W). Ajoutez le sucre et mélangez.

2 Cassez l'œuf dans le bol puis versez 2 cuil. à soupe de lait. Mélangez vigoureusement. Ajoutez la farine, la levure chimique et mélangez de nouveau jusqu'à obtenir une pâte bien lisse.

3 Dans un autre bol, cassez le chocolat au lait en petits morceaux. Ajoutez 1 cuil. à soupe de lait et faites fondre le tout au micro-ondes (750 W) 45 s. Mélangez à l'aide d'une fourchette.

4 Versez la moitié de la pâte à gâteau dans le chocolat et mélangez. Incorporez la vanille dans le reste de la pâte. Versez les deux pâtes en alternance dans 4 mini-mugs et placez-les sur le plateau du micro-ondes. Faites cuire 1 min 30 (750 W). Vérifiez la cuisson en glissant un couteau le long de la paroi des mini-mugs. Remettez à cuire 20 s s'il reste du liquide sur le dessus ou dans le fond. Laissez reposer 5 min avant de déguster.

Nestlé
dessert
Blanc
Un chocolat 100% pur beurre de cacao, préparé avec soin, alliant toute la douceur du lait aux arômes fruités de la vanille.
Avec le Plan Cacao, Nestlé soutient les cultivateurs pour améliorer la qualité de leur cacao.
PUR BEURRE DE CACAO
LAIT ENTIER
Cocoa Plan
www.latableadessert.fr
Des centaines d'idées recettes faciles et rapides!

Chocolat Blanc

Millefeuilles au chocolat blanc, framboises et pistaches

15 min de préparation + 1 h de réfrigération · 18 min de cuisson · 6 portions

Votre marché

- 1 tablette de 180 g de Nestlé Dessert® Blanc
- 50 cl de lait
- 2 œufs
- 1 cuil. à soupe bombée de fécule de maïs
- ½ citron vert non traité
- 1 paquet de 8 feuilles de brick
- 30 g de beurre
- 2 cuil. à soupe de sucre roux
- 100 g de pistaches non salées
- 400 g de framboises

Matériel

- Plaque à pâtisserie

1 Dans une casserole, faites chauffer le lait et ajoutez le chocolat cassé en morceaux. Mélangez bien. Dans un saladier, battez les œufs et la fécule. Versez petit à petit le lait dessus. Faites bien épaissir la préparation à feu doux pendant 5 min, dans une casserole, en remuant régulièrement. Placez au réfrigérateur pendant 1 h. Ajoutez le zeste du demi-citron vert.

2 Préchauffez le four à 200 °C (th. 6-7). Coupez 24 rectangles dans les feuilles de brick. Badigeonnez-les de beurre et de sucre roux. Superposez 2 feuilles en intercalant une couche de pistaches concassées. Faites cuire sur la plaque du four pendant 10 min.

3 Montez les millefeuilles : alternez les couches de feuilles de brick, la crème au chocolat blanc et les framboises. Terminez par une couche de framboises.

Trio glacé

10 min de préparation + 1 h de congélation — 7 min de cuisson — 6 portions

Votre marché

- 1 tablette de 180 g de Nestlé Dessert® Blanc
- 1 tablette de 200 g de Nestlé Dessert® Noir
- 1 tablette de 180 g de Nestlé Dessert® Café
- 20 cl de crème liquide
- 35 cl de lait demi-écrémé

Matériel

- 3 plats à gratin

1 Dans un saladier, faites fondre le chocolat blanc, cassé en morceaux, avec 20 cl de lait au four à micro-ondes à 500 W, pendant 2 min.

2 Dans un second saladier, faites fondre le chocolat café, cassé en morceaux, avec 10 cl de lait et 5 cl de crème liquide au four à micro-ondes à 500 W, pendant 2 min.

3 Dans un troisième saladier, placez le chocolat noir, cassé en morceaux, avec 15 cl de crème liquide et 5 cl de lait. Faites fondre le tout au four à micro-ondes à 500 W, pendant 2 min.

4 Versez les trois préparations dans des plats à gratin différents et placez-les au congélateur pendant 2 h. Sortez la glace au chocolat noir 10 min avant de faire des boules.

Chocolat Blanc

Mousse au chocolat et fruits des îles

10 min de préparation + 1 h + 24 h de réfrigération · 5 min de cuisson · 8 portions

Votre marché

- 1 tablette de 180 g de Nestlé Dessert® Blanc
- 15 cl de crème fleurette
- 200 g de mangue
- 3 fruits de la Passion
- 1 grenade
- 30 g de sucre en poudre
- 20 g de noix de coco râpée

Matériel
- Batteur électrique ♦ 8 grandes verrines
- Papier sulfurisé

1 Versez la crème dans un saladier et placez-la au moins 1h au réfrigérateur.

2 Faites fondre le chocolat blanc, cassé en morceaux, au bain-marie. Versez le chocolat fondu dans un saladier et laissez-le tiédir 1 à 2 min.

3 Battez la crème fleurette en chantilly bien ferme. Incorporez-en la moitié au chocolat fondu encore tiède. Mélangez jusqu'à l'obtention d'une mousse homogène. Ajoutez alors délicatement le reste de la chantilly. Répartissez la mousse dans les verrines. Laissez-les prendre au réfrigérateur pendant 24 h.

4 Coupez la mangue en petits dés et prélevez la pulpe des fruits de la Passion et de la grenade. Mélangez le tout et répartissez-le sur les mousses.

5 Faites chauffer, sur feu doux, le sucre sans matière grasse jusqu'à ce qu'il fonde. Saupoudrez de noix de coco sans mélanger, et versez immédiatement sur une feuille de papier sulfurisé. Laissez refroidir, concassez et répartissez sur chaque mousse. Servez aussitôt.

Compotée de quetsches, pommes et croustillants aux deux chocolats

20 min de préparation + 1 h de réfrigération | 10 min de cuisson | 6 portions

Votre marché

- 80 g de Nestlé Dessert® Blanc
- 80 g de Nestlé Dessert® Noir
- 80 g de riz soufflé
- Le jus de 1 orange
- 1 cuil. à café de fécule de maïs
- 2 pommes
- 300 g de quetsches dénoyautées

Matériel

- Papier d'aluminium ♦ Papier sulfurisé

1 Faites fondre les chocolats, cassés en morceaux, dans 2 bains-marie différents. Séparez le riz soufflé en 2 parts égales. Mélangez une part avec le chocolat noir et l'autre avec le chocolat blanc. Avec une feuille de papier d'aluminium, fabriquez un emporte-pièce en découpant 1 rectangle de 8 cm par 3 cm, avec un rebord de 2 cm. Dans un plat, remplissez la moitié de votre emporte-pièce de riz soufflé au chocolat blanc, puis l'autre moitié de riz soufflé au chocolat noir. Faites ainsi 6 croustillants bicolores, puis placez-les dans un plat recouvert de papier sulfurisé. Laissez prendre 1 h au réfrigérateur. Conservez l'emporte-pièce.

2 Délayez le fécule dans le jus d'orange, puis faites chauffer le mélange dans une casserole à feu doux jusqu'à ce qu'il épaississe.

3 Découpez les pommes et les quetsches en petits dés. Faites-les cuire dans une poêle à feu vif sans matière grasse, pendant 5 min. Sur chaque assiette, déposez une portion de fruits à l'aide de l'emporte-pièce, puis placez un croustillant par-dessus. Nappez avec le coulis d'oranges.

Aumônières aux poires, bananes, fraises et pépites de chocolat blanc

20 min de préparation · 17 min de cuisson · 6 portions

Votre marché

- 100 g de Nestlé Dessert® Blanc
- 2 bananes
- 200 g de fraises
- 2 poires
- 2 œufs
- 6 cuil. à soupe bombées de farine
- 1 cuil. à soupe bombée de pralin
- 30 cl de lait
- 1 cuil. à café de miel
- 20 g de beurre

Matériel

- Grand couteau ♦ Crêpière ♦ 6 piques en bois

1 Épluchez les bananes, puis lavez et équeutez les fraises. Lavez et épluchez les poires. Coupez les fraises en deux, les bananes en grosses rondelles et les poires en gros dés. Réservez les fruits. À l'aide du couteau, coupez le chocolat blanc en pépites.

2 Préparez une pâte à crêpes en mélangeant, dans un saladier, les œufs, la farine, le pralin et le lait. Faites chauffer la crêpière et beurrez-la. Versez une louche de pâte et faites-la cuire quelques minutes de chaque côté. Préparez ainsi 6 crêpes.

3 Dans une autre poêle, faites revenir les fruits, pendant 5 min, avec le miel.

4 Garnissez chaque crêpe de fruits bien chauds et de pépites de chocolat blanc. Refermez-les en forme d'aumônière et maintenez-les fermées à l'aide des piques en bois.

Variante : Vous pouvez ajouter de l'orange à ces aumônières. Profitez-en pour prélever de longs zestes d'orange et utilisez-les comme ficelle pour fermer les aumônières.

Chocolat Blanc

Moelleux fondants au cœur de chocolat blanc

15 min de préparation + 15 min de réfrigération — 7 min de cuisson — 6 portions

Votre marché

- 100 g + 50 g de Nestlé Dessert® Noir
- 120 g de beurre
- 5 cl de crème liquide
- 6 carrés de Nestlé Dessert® Blanc
- 95 g + 95 g de beurre + 1 noix pour les ramequins
- 3 œufs
- 75 g de sucre en poudre
- 50 g farine + 1 cuil. à soupe pour les ramequins

Matériel

- 6 ramequins

1 Préchauffez votre four à 240 °C (th. 8).

2 Dans un saladier, faites fondre 100 g de chocolat noir avec le beurre au micro-ondes, 1 min 30 à 500 W. Ajoutez les œufs, la farine et le sucre.

3 Versez la moitié de la pâte dans 6 ramequins beurrés et farinés. Ajoutez 1 carré de chocolat blanc dans chaque ramequin puis versez le reste de la pâte. Enfournez 8 min.

4 Entretemps faites fondre le chocolat restant et la crème. Démoulez les moelleux et nappez-les de cette sauce au chocolat.

Madeleines aux framboises, banane et pépites de chocolat blanc

20 min de préparation — 10 min de cuisson par fournée — 9 portions

Votre marché

- 80 g de Nestlé Dessert® Blanc
- 1 banane
- 50 g de beurre fondu + 1 grosse noix pour les moules
- 60 g de farine
- 2 œufs
- 30 g de sucre en poudre
- 1 cuil. à café de levure
- 80 g de framboises surgelées

Matériel

- Grand couteau
- Plaque de moules à madeleines

1 Préchauffez le four à 220 °C (th. 7). Épluchez et coupez la banane en dés. À l'aide du couteau, coupez le chocolat blanc en pépites.

2 Dans un saladier, mélangez le beurre fondu, la farine, les œufs, le sucre et la levure. Ajoutez le chocolat en pépites, les dés de banane et les framboises.

3 Beurrez la plaque de moules à madeleines et remplissez les moules aux deux tiers. Enfournez pour 10 min de cuisson. Renouvelez l'opération jusqu'à épuisement de la pâte.

Variante : Selon la saison, remplacez les framboises par des oranges !

Chocolat Blanc

Fraisier, crème au chocolat blanc

30 min de préparation + 2 h de réfrigération
30 min de cuisson
10 portions

Votre marché

- 1 tablette de 180 g de Nestlé Dessert® Blanc
- 50 g de Nestlé Dessert® Noir
- 6 œufs
- 100 g de sucre en poudre
- 100 g de farine
- 2 cuil. à soupe de fécule de maïs
- 40 cl de lait demi-écrémé
- 400 g de fraises

Matériel

- Moule à manqué

1 Préchauffez le four à 200 °C (th. 6-7).

2 Battez 4 œufs entiers avec le sucre jusqu'à obtenir un mélange mousseux. Ajoutez la farine délicatement. Versez le tout dans un moule à manqué, puis faites cuire pendant 25 min.

3 Fouettez les 2 œufs restants avec la fécule. Dans une casserole, faites fondre le chocolat blanc, cassé en morceaux, dans le lait. Versez-le sur le mélange œufs-fécule. Mélangez bien, puis versez de nouveau dans la casserole. Portez le tout à ébullition. Laissez ensuite refroidir pendant 2 h.

4 Coupez les fraises en lamelles. Faites fondre le chocolat noir cassé en morceaux au bain-marie. Découpez le gâteau en deux dans l'épaisseur. Sur la partie inférieure, disposez les lamelles de fraises et recouvrez de crème au chocolat blanc. Recouvrez de l'autre partie du gâteau et décorez en faisant des zigzags de chocolat noir sur le dessus.

Pancakes aux pépites de chocolat blanc, noix de coco et fraises

15 min de préparation · 10 min par pancake · 8 portions

Votre marché

- 1 tablette de 180 g de Nestlé Dessert® Blanc
- 200 g de fraises
- 3 œufs
- 30 cl de lait
- 1 cuil. à soupe bombée de noix de coco râpée
- 40 g de sucre en poudre
- 80 g de farine
- 1 cuil. à café de levure chimique
- Huile pour la cuisson

Matériel

- Batteur électrique

1 Coupez les fraises en dés. Cassez le chocolat blanc en morceaux puis, à l'aide d'un couteau, hachez-les en pépites. Séparez les blancs des jaunes d'œufs.

2 Versez le lait dans un saladier, puis ajoutez les jaunes d'œufs, la noix de coco, le sucre, la farine et, enfin, la levure. Mélangez bien. Montez les blancs d'œufs en neige, puis incorporez-les à la préparation. Ajoutez les dés de fraises et les pépites de chocolat blanc.

3 Dans une poêle bien chaude et légèrement huilée, versez une petite louche de pâte. Faites cuire les pancakes pendant 2 min de chaque côté.

Cheesecake au chocolat blanc, biscuits roses et fraises

15 min de préparation + 2 h de réfrigération · 25 min de cuisson · 8 portions

Votre marché

- 1 tablette de 180 g de Nestlé Dessert® Blanc
- 15 biscuits roses
- 60 g de beurre fondu
- 400 g de fraises
- 4 œufs
- 300 g de fromage blanc à 40 % de matière grasse
- 80 g de farine
- 60 g de sucre en poudre

Matériel

- Moule à manqué
- Mixeur ♦ Batteur électrique

1 Mixez les biscuits et ajoutez le beurre fondu. Tapissez le fond du moule à manqué avec la préparation. Placez au réfrigérateur pendant 1 h.

2 Coupez les fraises en deux et posez-les face coupée contre les parois du moule beurré. Mixez ce qui reste et réservez ce coulis.

3 Préchauffez le four à 180 °C (th. 6). Séparez les blancs des jaunes d'œufs. Cassez le chocolat en morceaux et faites-le fondre au bain-marie.

4 Dans un saladier, mélangez le fromage blanc, le chocolat blanc fondu, la farine, le sucre et les jaunes d'œufs. Montez les blancs d'œufs en neige, puis incorporez-les à la préparation. Versez le tout dans le moule. Enfournez pour 25 min de cuisson.

5 Laissez refroidir à température ambiante 15 min, puis placez le moule au réfrigérateur pendant 1 h. Démoulez et servez avec le coulis de fraises.

Chocolat Blanc

Whoopies framboises, chocolats blanc et noir

20 min de préparation + 10 min de réfrigération | 14 min de cuisson | 8 portions

Votre marché

- 150 g de Nestlé Dessert® Noir
- 100 g de Nestlé Dessert® Blanc
- 100 g de beurre mou
- 60 g de sucre en poudre
- 170 g de farine
- 1 cuil. à café de levure chimique
- 40 g de fromage blanc
- 2 œufs
- 2 cuil. à soupe de crème liquide
- 100 g de framboises
- 1 pincée de sel

Matériel

- Plaque à pâtisserie ◆ Papier sulfurisé

1 Préchauffez le four à 180 °C (th. 6). Faites fondre le chocolat noir, cassé en morceaux, avec le beurre au four à micro-ondes à 500 W, pendant 2 min. Ajoutez le sucre, la farine, la levure, le fromage blanc, le sel et les œufs. Mélangez soigneusement.

2 Sur la plaque du four recouverte de papier sulfurisé, déposez des ronds de pâte de 4 cm de diamètre. Aplatissez-les légèrement. Enfournez pour 10 min de cuisson.

3 Faites fondre le chocolat blanc, cassé en morceaux, avec la crème au four à micro-ondes à 500 W, pendant 2 min. Nappez la moitié des biscuits d'une couche de chocolat blanc, ajoutez les framboises et recouvrez d'un deuxième biscuit. Dessinez des zigzags de chocolat blanc. Placez au réfrigérateur pendant 10 min. Servez aussitôt.

Variante : Pour une version plus traditionnelle, utilisez du beurre dans la ganache.

Chocolat Blanc

Barres aux amandes et pommes caramélisées

20 min de préparation + 10 min de réfrigération | 20 min de cuisson | 12 portions

Votre marché

- 1 tablette de 200 g de Nestlé Dessert® Noir
- 100 g de Nestlé Dessert® Blanc
- 50 g de beurre + un peu pour la plaque
- 1 cuil. à soupe bombée de farine
- 4 œufs
- 100 g de poudre d'amandes
- 2 cuil. à soupe + 1 cuil. à café de sucre
- 2 pommes

Matériel

- Plaque à pâtisserie

1 Préchauffez le four à 200 °C (th. 6-7). Cassez le chocolat noir en morceaux dans un saladier et ajoutez le beurre. Faites-les fondre au four à micro-ondes à 500 W, pendant 2 min. Incorporez la farine, les œufs, la poudre d'amandes et les 2 cuil. à soupe de sucre.

2 Pelez et coupez les pommes en dés. Faites-les dorer dans une poêle avec le sucre restant pendant 5 min. Ajoutez-les à la préparation.

3 Sur une plaque à pâtisserie beurrée, versez la pâte en formant un rectangle de 30 cm par 25 cm. Ne l'étalez pas trop. Enfournez pour 12 à 13 min de cuisson.

4 Une fois la pâte refroidie, coupez-la en barres de 8 cm par 2 cm. Faites fondre le chocolat blanc cassé en morceaux au bain-marie, puis versez-le sur la moitié de chaque barre. Placez au réfrigérateur 10 min.

Chocolat Blanc

Croquant aux trois chocolats

20 min de préparation + 1 h 30 de réfrigération · 5 min de cuisson · 4 portions

Votre marché

- 100 g de Nestlé Dessert® Blanc
- 100 g de Nestlé Dessert® Noir
- 50 g de Nestlé Dessert® Caramel
- 40 g de céréales Fitness® Nestlé®
- 15 cl de crème fleurette
- 1 poire

Matériel

- Papier sulfurisé
- Batteur électrique

1 Faites fondre le chocolat blanc cassé en morceaux au bain-marie. Laissez tiédir et ajoutez les corn flakes en brisures. Dans un plat recouvert de papier sulfurisé, déposez la préparation en dessinant des palets ronds. Laissez prendre au réfrigérateur pendant 1 h.

2 Dans un saladier, faites fondre le chocolat noir, cassé en morceaux, au four à micro-ondes à 500 W, pendant 2 min, puis laissez tiédir. Battez 10 cl de crème en chantilly, puis incoporez-y le chocolat noir fondu. Mélangez délicatement et placez le tout au frais pour 30 min.

3 Faites fondre le chocolat caramel, cassé en morceaux, avec les 5 cl de crème au four à micro-ondes à 500 W, pendant 2 min. Pelez et coupez la poire en lamelles.

4 Sur chaque croquant au chocolat blanc, déposez des lamelles de poire, une quenelle de chantilly au chocolat noir et du coulis de chocolat caramel tiède. Servez aussitôt.

Cookies au chocolat blanc, noix de coco et cranberries

20 min de préparation | 13 min de cuisson | 8 portions

Votre marché

- 1 tablette de 180 g de Nestlé Dessert® Blanc
- 250 g de farine
- 1 sachet de levure chimique
- 100 g de beurre mou
- 100 g de sucre roux
- 2 œufs
- 2 cuil. à soupe de noix de coco en poudre
- 50 g de cranberries déshydratées

Matériel
- Plaque à pâtisserie
- Papier sulfurisé

1 Préchauffez le four à 180 °C (th. 6). Découpez le chocolat blanc en pépites à l'aide d'un couteau.

2 Versez la farine et la levure dans un saladier. Ajoutez le beurre mou et travaillez ce mélange pour obtenir une pâte sableuse. Incorporez ensuite le sucre roux, les œufs, la noix de coco, le chocolat blanc et les cranberries. Mélangez bien.

3 Formez de petites boules et déposez-les sur la plaque du four recouverte de papier sulfurisée. Laissez cuire pendant 13 min.

Brownie au chocolat blanc, cannelle et noix de pécan

15 min de préparation · 25 min de cuisson · 6 portions

Votre marché

- 1 tablette de 180 g de Nestlé Dessert® Blanc
- 125 g de beurre + 1 noix pour le moule
- 2 œufs
- 125 g de sucre en poudre
- 100 g de farine + 1 cuil. à soupe pour le moule
- ½ cuil. à café de cannelle en poudre
- 5 g de levure chimique
- 60 g de noix de pécan
- 12 framboises

Matériel

- Moule carré

1 Préchauffez le four à 180 °C (th. 6). Beurrez et farinez le moule.

2 Faites fondre 140 g de chocolat blanc, cassé en morceaux, et le beurre au bain-marie ou au four à micro-ondes à 500 W pendant 2 min. Coupez le chocolat restant en grosses pépites.

3 Dans un saladier, mélangez les œufs battus, le sucre, la farine, la cannelle, la levure, les pépites de chocolat et les noix de pécan, puis ajoutez le chocolat fondu.

4 Remplissez le moule de pâte et enfournez pour 25 min. Décorez chaque part d'une belle framboise.

Conseil : Accompagnez ce brownie d'une boule de sorbet à la framboise ou de coulis de framboises.

Charlottes aux fruits de la Passion

20 min de préparation + 1 h de réfrigération | 15 min de cuisson | 6 portions

Votre marché

- 2 tablettes de 180 g de Nestlé Dessert® Blanc
- 4 feuilles de gélatine
- 5 cl de crème liquide
- 300 g de fromage blanc à 40 % de matière grasse
- 8 fruits de la Passion
- 80 g de beurre mou + 1 noix pour la plaque
- 4 œufs
- 90 g de farine + 1 cuil. à soupe pour la plaque
- 60 g de sucre en poudre
- 1 mangue
- 1 cuil. à soupe de sucre pétillant

Matériel

- Batteur électrique
- Plaque à pâtisserie
- Papier sulfurisé
- 6 ramequins
- Mixeur

1 Préchauffez le four à 200 °C (th. 6-7). Faites fondre le chocolat blanc, cassé en morceaux, au four à micro-ondes à 500 W, pendant 2 min.

2 Faites ramollir la gélatine dans un bol d'eau froide, puis essorez-la. Dans une casserole, faites fondre la gélatine dans la crème. Hors du feu, ajoutez le fromage blanc, le chocolat fondu et la pulpe des fruits de la Passion.

3 Préparez le biscuit roulé : séparez les jaunes des blancs d'œufs. Mélangez la farine et le beurre fondu. Incorporez ensuite les jaunes d'œufs et le sucre. Montez les blancs d'œufs en neige. Ajoutez-les délicatement à la préparation.

4 Beurrez et farinez la plaque à pâtisserie. Versez la pâte sur 2 cm d'épaisseur : le biscuit doit faire un rectangle de 25 cm par 40 cm. Enfournez pour 9 min. Dès qu'il est cuit, découpez 6 bandes et roulez-les. Chaque bande roulée doit être de la hauteur d'un ramequin.

5 Tapissez les ramequins de 6 ronds de papier sulfurisé. Déposez les bandes de biscuits sur tout le tour des ramequins. Versez au centre la préparation au fromage blanc. Laissez au frais 1 h. Mixez la pulpe de mangue. Recouvrez-en les charlottes et ajoutez le sucre pétillant au moment de servir.

Gâteau aux framboises, bananes poêlées et mousse au chocolat blanc

20 min de préparation + 1 h de réfrigération | 15 min de cuisson | 10 portions

Votre marché

- 1 tablette de 180 g de Nestlé Dessert® Blanc
- 1 tablette de 200 g de Nestlé Dessert® Noir
- 5 œufs
- 40 g de beurre mou
- 100 g de farine
- 130 g de sucre en poudre
- 4 bananes
- 200 g de framboises
- 15 cl de crème fleurette

Matériel

- Batteur électrique ♦ Plaque à pâtisserie
- Moule à cake ♦ Film alimentaire

1 Préchauffez le four à 200 °C (th. 6-7). Préparez le biscuit : séparez les blancs des jaunes d'œufs. Faites fondre le chocolat noir, cassé en morceaux, et le beurre au four à micro-ondes à 500 W, 2 min. Incorporez la farine et mélangez. Ajoutez les jaunes d'œufs et 100 g de sucre. Incorporez les blancs d'œufs montés en neige.

2 Beurrez et farinez la plaque à pâtisserie. Étalez la pâte dessus et laissez-la cuire pendant 10 min. Démoulez le biscuit et découpez-le en bandes de la taille du moule à cake.

3 Faites poêler les bananes avec le sucre restant en les coupant dans la longueur. Tapissez le moule à cake de film alimentaire. Déposez une couche de biscuit, des bananes, des framboises, puis une nouvelle couche de biscuit.

4 Versez le chocolat blanc fondu dans un saladier. Battez la crème en chantilly et incorporez-la au chocolat blanc. Versez cette crème dans le moule et recouvrez d'un autre biscuit. Laissez prendre au frais 1 h. Démoulez, ôtez le film alimentaire et décorez de quelques framboises.

Verrines fraises et chocolat blanc

20 min de préparation
+ 1 nuit de réfrigération

5 min de cuisson

6 portions

Votre marché

- 1 tablette de 180 g de Nestlé Dessert® Blanc
- 400 g de fraises
- 20 cl de crème fleurette
- 6 feuilles de menthe

Matériel

- 6 verrines
- Batteur électrique

1 Versez la crème dans un saladier et placez-le au moins 1 h au réfrigérateur.

2 Faites fondre le chocolat cassé en morceaux au bain-marie, puis versez-le dans un saladier et laissez-le tiédir 1 à 2 min.

3 Battez la crème froide en chantilly ferme avec un batteur électrique.

4 Ajoutez la moitié de la chantilly au chocolat. Mélangez jusqu'à l'obtention d'une mousse homogène. Incorporez délicatement le reste de la chantilly.

5 Répartissez la mousse dans des petites tasses transparentes ou des verrines et placez-les une nuit au réfrigérateur.

6 Le lendemain, répartissez les fraises lavées et coupées en petits dés sur les mousses. Décorez chaque verrine d'une feuille de menthe ciselée avant de servir.

Mousse au chocolat zébrée et tartare de fruits

20 min de préparation · 2 min de cuisson · 6 portions

Votre marché

- 100 g de Nestlé Dessert® Blanc
- 2 bananes
- 300 g de fraises
- 150 g de framboises
- 10 cl de crème fleurette froide
- 3 palets bretons

Matériel

- Mixeur
- Passoire fine
- Batteur électrique
- 6 verrines

1 Épluchez les bananes, lavez et équeutez les fraises. Coupez-les en dés. Mixez les framboises. Filtrez-les à l'aide de la passoire. Réservez.

2 Cassez le chocolat blanc en morceaux et faites-le fondre au four à micro-ondes, pendant 2 min à 500 W. Laissez-le tiédir. Dans un saladier, battez la crème en chantilly et incorporez-y le chocolat fondu. Ajoutez le coulis de framboises en laissant des marbrures.

3 Répartissez les dés de fruits dans les verrines, recouvrez d'une couche de chantilly zébrée et saupoudrez d'éclats de biscuits. Servez aussitôt.

Macarons au chocolat blanc

25 min de préparation
+ 30 min de repos
+ 1 h de réfrigération

35 min de cuisson

4 portions

Votre marché

- 1 tablette de 180 g de Nestlé Dessert® Blanc
- 200 g de framboises
- 30 g de farine
- 70 g de sucre en poudre
- 110 g de poudre d'amandes
- 3 gros blancs d'œufs (125 g) + 1 œuf entier
- 25 cl de lait

Matériel

- Batteur électrique
- Papier sulfurisé
- 2 plaques à pâtisserie
- Poche à douille

1 Préchauffez votre four à 150 °C (th. 5). Dans un saladier, battez les blancs d'œufs en neige ferme en incorporant petit à petit 50 g de sucre en poudre.

2 Mélangez délicatement les blancs à la poudre d'amandes tamisée jusqu'à ce que la préparation soit lisse. Puis, sur deux plaques de cuisson recouvertes de papier sulfurisé, dressez à l'aide d'une poche à douille 8 macarons de 8 cm de diamètre. Laissez-les reposer à température ambiante pendant 30 min, puis enfournez 35 min au milieu du four.

3 Dans un saladier, mélangez 10 g de sucre et l'œuf entier. Incorporez la farine et le lait chaud. Versez la préparation dans une casserole et faites chauffer sur feu doux en mélangeant jusqu'à épaississement. Ajoutez 150 g de chocolat blanc cassé en morceaux et laissez refroidir 1 h au réfrigérateur. Pendant ce temps, mixez les framboises lavées et le reste de sucre. Réservez.

4 Répartissez la crème pâtissière au chocolat sur la face non lisse d'un macaron puis recouvrez avec un autre biscuit. Décorez avec des copeaux de chocolat blanc et servez avec le coulis de framboises.

Charlotte glacée coco-framboises

20 min de préparation + 2 h de congélation | 2 min de cuisson | 10 portions

Votre marché

- 1 tablette de 180 g de Nestlé Dessert® Blanc
- 20 biscuits à la cuiller
- 300 g de framboises
- 60 g de sucre en poudre
- 80 g de noix de coco râpée
- 20 cl de lait de coco
- 250 g de fromage blanc

Matériel

- Moule à charlotte ou à manqué
- Film alimentaire

1 Coupez les biscuits à la cuiller aux deux tiers et gardez les chutes.Tapissez un moule à manqué de film alimentaire transparent et déposez les biscuits à la cuiller imbibés légèrement d'eau. Utilisez les chutes pour le fond du moule et les grandes parties des biscuits pour les côtés, en plaçant le côté arrondi vers le haut.

2 Dans un saladier, faites fondre le chocolat avec le lait de coco au four à micro-ondes 2 min à 500 W. Ajoutez la noix de coco râpée, le fromage blanc et le sucre en poudre. Versez dans le moule et placez au congélateur 2 h.

3 Sortez la charlotte du congélateur 10 min avant de servir. Démoulez et disposez les framboises lavées sur le dessus du gâteau avant de le servir.

Gâteau framboises et pistaches

30 min de préparation
+ 3 h de réfrigération
10 min de cuisson
10 portions

Votre marché

- 360 g de Nestlé Dessert® Blanc
- 500 g de framboises
- 125 g de pistaches non salées
- 100 g de farine
- 125 g de sucre en poudre
- 1 cuil. à café rase de levure chimique
- 4 œufs
- 30 cl de crème fleurette bien froide
- 125 g de crêpes dentelles
- 60 g de beurre

Matériel

- Moule à manqué ♦ Plaque de cuisson
- Film alimentaire

1 Préchauffez votre four à 180 °C (th. 6). Séparez les blancs des jaunes d'œufs. Dans un saladier, fouettez le beurre fondu, le sucre et les jaunes d'œufs, puis ajoutez la farine et la levure. Mélangez énergiquement.

2 Incorporez délicatement les blancs d'œufs battus en neige à la préparation et versez-la sur une plaque de cuisson beurrée et farinée. Enfournez 10 min.
Pendant ce temps mixez les crêpes et les pistaches. Ajoutez 90 g de chocolat blanc fondu et mixez à nouveau. Réservez.

3 Démoulez le biscuit sur une planche et laissez-le refroidir. Découpez un cercle de la taille de votre moule à manqué. Puis disposez le biscuit au fond du moule tapissé de film alimentaire. Étalez la pâte de pistaches et saupoudrez de framboises lavées.

4 Dans un saladier, fouettez la crème puis incorporez délicatement le reste du chocolat blanc fondu. Versez cette préparation sur le gâteau et placez au réfrigérateur au moins 3 h. Sortez-le 20 min avant de servir.

Croquants au chocolat blanc et fruits secs

15 min de préparation + 1 h de réfrigération · 5 min de cuisson · 10 portions

Votre marché

- 1 tablette de 180 g de Nestlé Dessert® Blanc
- 8 carrés de Nestlé Dessert® au Lait
- 2 cuil. à soupe d'amandes effilées
- 1 cuil. à soupe de noisettes décortiquées

Matériel

- Grand couteau
- Plaque à pâtisserie
- Papier sulfurisé

1 Faites fondre le chocolat blanc, cassé en morceaux, au bain-marie. À l'aide d'un grand couteau, coupez le chocolat au lait en pépites. Concassez les noisettes.

2 Recouvrez la plaque à pâtisserie d'une feuille de papier sulfurisé. Dessus, faites des bandes de 6 cm sur 2 cm d'amandes effilées, puis recouvrez-les de chocolat blanc fondu. Répartissez les noisettes concassées et les pépites de chocolat au lait sur les barres de chocolat blanc.

3 Mettez la plaque avec les croquants au réfrigérateur pendant au moins 1 h avant de les déguster.

Conseil : Pour verser facilement le chocolat blanc sur les amandes, mettez votre chocolat fondu dans un sac de congélation et coupez un coin du sachet. Servez-vous en alors comme d'une poche à douille.

Bavarois mangue et chocolat blanc

20 min de préparation + 2 h de réfrigération · 5 min de cuisson · 5 portions

Votre marché

- 150 g de Nestlé Dessert® Blanc
- 150 g de mangue fraîche
- 2 feuilles de gélatine
- 5 cl de lait demi-écrémé
- 150 g de fromage blanc à 20 % de matière grasse
- Le zeste de ½ citron vert non traité

Matériel

- Moule à bavarois ou moule à manqué
- Film alimentaire

1 Épluchez et coupez la mangue en petits dés. Placez la gélatine dans un bol d'eau froide pour la ramollir, puis essorez-la à la main. Faites fondre le chocolat blanc cassé en morceaux au four à micro-ondes à 500 W, pendant 2 min.

2 Dans une petite casserole, faites fondre la gélatine dans le lait, ajoutez le chocolat blanc fondu, le fromage blanc, les dés de mangue et le zeste de citron vert. Mélangez bien et laissez tiédir.

3 Tapissez le moule de film alimentaire, puis remplissez-le de la préparation au chocolat blanc. Placez le bavarois au réfrigérateur pendant 2 h.

Conseil : Une fois démoulé, parsemez votre bavarois de biscuits sablés émiettés.

Palets croquants au chocolat blanc et fraises

10 min de préparation + 1 h de réfrigération | 5 min de cuisson | 4 portions

Votre marché

- 100 g de Nestlé Dessert® Blanc
- 400 g de fraises
- 50 g de céréales type pétales de maïs
- 4 feuilles de menthe

Matériel

- Papier sulfurisé

1 Coupez les deux tiers des fraises en lamelles et le dernier tiers en petits dés. Faites fondre le chocolat blanc cassé en morceaux au bain-marie.

2 Recouvrez un plat de papier sulfurisé. Émiettez grossièrement les céréales dans un bol et ajoutez le chocolat fondu. Mélangez bien. À l'aide d'une cuillère, formez 8 palets sur le plat. Placez-les au réfrigérateur pendant 1 h.

3 Placez un premier croquant dans chaque assiette, puis recouvrez d'une belle couche de lamelles de fraises et terminez avec un deuxième croquant. À l'aide de deux petites cuillères, faites une quenelle de dés de fraises et déposez-la sur le palet. Ajoutez une feuille de menthe et servez aussitôt.

Roulé aux framboises, crème vanille et pistaches caramélisées

30 min de préparation + 2 h de réfrigération | 10 min de cuisson | 10 portions

Votre marché

- 1 tablette de 180 g de Nestlé Dessert® Blanc
- 25 cl de lait demi-écrémé
- 7 œufs
- 2 cuil. à soupe de fécule de maïs
- 80 g de pistaches non salées
- 200 g de framboises
- 40 g de beurre fondu + 1 noix pour la plaque
- 100 g de farine + 1 cuil. à soupe pour la plaque
- 130 g de sucre en poudre

Matériel

- Batteur électrique
- Plaque à pâtisserie
- Torchon humide
- Papier sulfurisé

1 Faites fondre le chocolat blanc avec le lait dans une casserole. Mélangez 2 œufs et la fécule. Versez dans la casserole de lait. Portez à ébullition en remuant. Laissez refroidir. Placez au réfrigérateur pendant 2 h.

2 Préchauffez le four à 220 °C (th. 7). Mixez 40 g de pistaches et hachez le reste. Mélangez le beurre, la farine, les pistaches mixées, les jaunes d'œufs et 100 g de sucre. Incorporez les blancs montés en neige. Versez sur une plaque, beurrée et farinée, en faisant un rectangle de 25 cm par 40 cm, de 2 cm d'épaisseur. Enfournez pour 10 min.

3 Démoulez le biscuit sur un torchon humide et roulez-le aussitôt avec le linge. Après 5 min, déroulez-le, étalez la crème au chocolat blanc et les framboises, puis roulez-le à nouveau, sans le linge.

4 Faites chauffer le sucre restant pour faire un caramel et ajoutez les pistaches hachées. Versez sur du papier sulfurisé et concassez aussitôt. Décorez-en votre gâteau.

L'araignée

30 min de préparation
+ 20 min de réfrigération
+ 22 min de congélation

25 min de cuisson

12 portions

Votre marché

- 180 g de Nestlé Dessert® Blanc
- 150 g de Nestlé Dessert® Noir
- 2 œufs
- 100 g de sucre en poudre
- 120 g de farine
- 1 cuil. à café de levure
- 120 g de beurre
- 65 g de vermicelles au chocolat
- 6 rouleaux de réglisse

Matériel

- Passoire fine
- 12 caissettes en papier de 6 cm de diamètre
- Plaque à pâtisserie
- Papier sulfurisé
- Poche à douille

1 Préchauffez le four à 180 °C (th. 6). Faites fondre les 100 g de chocolat blanc, avec le beurre au bain-marie. Fouettez les œufs avec le sucre, ajoutez la farine tamisée, la levure et le chocolat fondu. Remplissez à moitié les caissettes de pâte. Enfournez pour 20 min de cuisson. Laissez-les refroidir à température ambiante.

2 Faites fondre le reste du chocolat blanc, au bain-marie. Déposez des ronds de chocolat fondu de 2 cm de diamètre sur une assiette recouverte de papier sulfurisé. Faites ainsi 24 « yeux » en chocolat. Placez l'assiette au congélateur pendant 12 min.

3 Faites fondre le chocolat noir, au bain-marie. Nappez-en les muffins. Saupoudrez de vermicelles et placez-les au réfrigérateur pendant 10 min. Avec une poche à douille, dessinez le noir des yeux avec le chocolat noir fondu. Remettez au congélateur pour 10 min.

4 Déroulez les rouleaux de réglisse et coupez-les en morceaux de 6 cm, placez-en 6 sur chaque muffin pour former les pattes de l'araignée, puis déposez les yeux au centre. Placez-les au réfrigérateur.

Choux au chocolat blanc citron vert, ananas et mangue

30 min de préparation + 2 h de réfrigération
25 min de cuisson
6 personnes (6 gros choux)

Votre marché

- 1 tablette de 180 g de Nestlé Dessert® Blanc
- 1 citron vert non traité
- 125 g de mascarpone
- 1/4 d'ananas
- 1 petite mangue

Pour la pâte à choux

♦ 50 g de farine ♦ 10 g de sucre en poudre ♦ 2 œufs moyens ♦ 40 g de beurre ♦ 5 cl de lait ♦ 5 cl d'eau

Matériel

♦ Plaque de four ♦ Papier sulfurisé

1 Faites fondre 150 g de chocolat blanc au four à micro-ondes pendant 1 min 30, à 750 W. Une fois qu'il est refroidi, ajoutez peu à peu le mascarpone puis le zeste de citron vert râpé. Placez au frais 2 h.

2 Préchauffez le four à 180 °C (th. 6). Dans une casserole, faites bouillir le lait, l'eau, le beurre et le sucre. Hors du feu, ajoutez d'un coup la farine et desséchez la pâte 2 min à feu doux. Ajoutez un à un les œufs en mélangeant vivement entre chaque ajout.

3 Placez 6 grosses noix de pâte à choux sur la plaque du four recouverte de papier sulfurisé. Faites cuire 30 min au milieu du four.

4 Découpez l'ananas et la mangue en petits dés. Avant de servir, ouvrez les choux en deux. Faites fondre 30 g de chocolat blanc pour napper le dessus des choux. Placez-les au frais 2 min.

5 Garnissez les choux avec le tartare de fruits, ajoutez la crème au chocolat blanc et refermez les choux avec les dessus nappés. Dégustez sans attendre.

Conseil : Décorez les choux avec de fines lamelles de citrons confits ou des zestes de citron.

Mousse chocolat blanc et basilic

10 min de préparation + 9 h de réfrigération
5 min de cuisson
6 portions

Votre marché

- 1 tablette de 180 g de Nestlé Dessert® Blanc
- 20 cl de crème fleurette
- 10 feuilles de basilic

Matériel

- Batteur électrique
- 6 verrines

1 Dans une casserole, faites chauffer 10 cl de crème et ajoutez les feuilles de basilic. Laissez infuser 10 min hors du feu. Laissez refroidir et placez au réfrigérateur avec le reste de crème pendant 1 h.

2 Faites fondre le chocolat cassé en morceaux au bain-marie. Battez la crème en chantilly au batteur électrique. Versez le chocolat dans un petit saladier et ajoutez délicatement la crème battue en chantilly. Versez dans les 6 verrines et placez au moins 8 h au réfrigérateur. Décorez avec une feuille de basilic.

Mini-mug cookies au chocolat blanc et cranberries

5 min de préparation
+ 2 min de repos

2 min 15 de cuisson

4 mini-mugs

Votre marché

- 30 g de chocolat NESTLÉ DESSERT® Blanc (6 carrés)
- 30 g de beurre (2 cuil. à soupe)
- 3 cuil. à soupe de cassonade
- 2 jaunes d'œufs
- 6 cuil. à soupe de farine
- 2 cuil. à soupe de cranberries

1 Dans un bol, faites fondre le beurre pendant 45 s au micro-ondes (750 W). Ajoutez la cassonade, les jaunes d'œufs et mélangez.

2 Versez la farine et mélangez de nouveau. À l'aide d'un gros couteau, hachez grossièrement le chocolat blanc pour en faire des pépites puis incorporez-les à la pâte. Ajoutez les cranberries et mélangez.

3 Versez la préparation dans 4 mini-mugs et placez-les sur le plateau du micro-ondes. Faites cuire pendant 1 min 30 (750 W). Laissez reposer 2 min avant de déguster.

Mini-mug cakes aux framboises et chocolat blanc

5 min de préparation + 5 min de repos | 2 min 45 de cuisson | 4 mini-mugs

Votre marché

- 30 g de chocolat NESTLÉ DESSERT® Blanc (6 carrés)
- 30 g de beurre (2 cuil. à soupe)
- 3 cuil. à soupe de sucre
- 1 œuf
- 2 cuil. à soupe de lait
- 3 cuil. à soupe de farine
- 1 pincée de levure chimique
- 8 framboises

1 Dans un bol, faites fondre le beurre pendant 45 s au micro-ondes (750 W). Ajoutez le sucre et mélangez.

2 Cassez l'œuf dans le bol puis versez le lait. Mélangez vigoureusement. Ajoutez la farine, la levure chimique et mélangez de nouveau jusqu'à obtenir une pâte bien lisse. À l'aide d'un gros couteau, hachez grossièrement le chocolat blanc pour en faire des pépites puis incorporez-les à la pâte.

3 Versez la préparation dans 4 mini-mugs. Posez 2 framboises sur le dessus de chaque mini-mug cake et enfoncez- les légèrement pour qu'elles se retrouvent au cœur du gâteau.

4 Placez les 4 mini-mugs dans le micro-ondes et faites cuire 2 min (750 W). Vérifiez la cuisson en glissant un couteau le long de la paroi des mini-mugs. Remettez à cuire 20 s s'il reste du liquide sur le dessus ou dans le fond. Laissez reposer 5 min avant de déguster.

Fondants au chocolat blanc et spéculoos

Préparation : 25 min
Réfrigération : 1 h
Cuisson : 20 min
Pour 4 fondants

Votre marché

- 140 g de Nestlé Dessert® Blanc
- 50 g de beurre + pour les cercles
- 2 gros œufs
- 30 g de sucre blond
- 60 g de yaourt
- 40 g de spéculoos + pour les cercles
- 30 g de farine tamisée
- 2 cl de crème liquide
- 1 pincée de sel

Matériel

- Batteur électrique
- Papier sulfurisé
- 4 cercles à pâtisserie

1 Faites fondre 110 g de chocolat avec le beurre, au bain-marie ou au four à micro-ondes. Réduisez les spéculoos en poudre.

2 Dans un saladier, battez les œufs avec le sucre jusqu'à obtenir un mélange bien mousseux. Ajoutez, l'un après l'autre, le chocolat blanc fondu, le yaourt, la poudre de spéculoos (conservez-en un petit peu pour en saupoudrez les cercles) et la farine tamisée avec la pincée de sel. Placez au frais 1 h.

3 Préchauffez le four à 180 °C (h. 6). Badigeonnez les cercles de beurre et saupoudrez-les de poudre de spéculoos. Déposez-les sur une toile de cuisson ou une feuille de papier sulfurisé posée sur une plaque de four. Répartissez la pâte dans les cercles. Enfournez 20 min. Attention en sortant les cercles du four ; ils sont chauds et le restent encore une dizaine de minutes hors du four. Laissez refroidir sur une grille, démoulez quelques minutes après la sortie du four.

4 Faites fondre le reste de chocolat avec la crème au bain-marie. Versez le chocolat blanc fondu en filet sur les fondants. Servez tiède ou à température ambiante.

Moelleux amandes, chocolat blanc et framboises

Préparation : 20 min
Réfrigération : 1 h
Cuisson : 20 min
Pour 4 mœlleux

Votre marché

- 100 g de Nestlé Dessert® Blanc
- 8 cl de lait d'amande
- 40 g de pâte d'amande
- 35 g de sucre
- 2 gros œufs
- 50 g de beurre mou + pour les cercles
- 70 g de farine + pour les cercles
- 1 pincée de levure chimique
- 12 framboises

Matériel

- Batteur électrique
- Film alimentaire
- 4 cercles à pâtisserie

1 Faites fondre le chocolat avec le lait au four à micro-ondes. Laissez tiédir.

2 Séparez les blancs des jaunes d'œufs. Montez les blancs en neige avec 15 g de sucre.

3 Dans un saladier, travaillez la pâte d'amande avec 20 g de sucre, puis ajoutez les jaunes d'œufs. Fouettez bien jusqu'à obtenir une pâte homogène et légère. Ajoutez, en mélangeant à chaque ajout, le chocolat fondu, le beurre, la farine tamisée avec la levure et les blancs en neige. Placez 1 h au frais.

4 Préchauffez le four à 180 °C (th. 6). Badigeonnez les cercles de beurre et saupoudrez-les de farine. Déposez-les sur une toile de cuisson ou une feuille de papier sulfurisé posée sur une plaque de four. Répartissez la pâte dans les cercles. Enfoncez 3 framboises dans chaque cercle. Enfournez 20 min. Attention en sortant les cercles du four ; ils sont chauds et le restent encore une dizaine de minutes hors du four. Laissez refroidir sur une grille, démoulez quelques minutes après la sortie du four.

Moelleux au chocolat blanc, thym et citron

Préparation : 25 min
Réfrigération : 1 h
Cuisson : 20 min
Pour 4 mœlleux

Votre marché

Pour les gâteaux
- 50 g de Nestlé Dessert® Blanc
- 50 g de beurre
- 1 cuil. à café de thym frais
- 80 g de yaourt brassé
- 1 citron non traité
- 2 blancs d'œufs
- 45 g de sucre + pour les cercles
- 30 g de farine
- 1 pincée de levure chimique
- 10 g de fécule de maïs
- 1 pincée de sel
- Quelques fruits rouges

Pour la crème (topping)
- 30 g de Nestlé Dessert® Blanc
- 60 g de mascarpone

Matériel
- Batteur électrique
- Papier sulfurisé
- 4 cercles à pâtisserie

1 Dans une casserole, faites cuire le beurre à feu assez vif jusqu'à ce qu'il soit bien ambré et dégage une bonne odeur caramélisée. Retirez du feu et ajoutez le chocolat coupé en petits morceaux. Mélangez pour le faire fondre. Ajoutez le thym, le yaourt, le zeste et le jus du citron.

2 Montez les blancs d'œufs en neige. Quand ils sont bien mousseux, ajoutez le sucre et continuez à battre jusqu'à obtenir un mélange bien brillant. Incorporez la farine tamisée avec la levure, la fécule et une pincée de sel en alternant avec la préparation au chocolat. Réservez la préparation au froid pendant 1 h.

3 Préchauffez le four à 180 °C (th. 6). Beurrez les cercles et saupoudrez-les de sucre. Déposez-les sur une toile de cuisson ou une feuille de papier sulfurisé posée sur une plaque de four. Répartissez la pâte dans les cercles et enfournez 15 à 20 min. Attention en sortant les cercles du four ; ils sont chauds et le restent encore une dizaine de minutes hors du four. Démoulez et laissez refroidir sur une grille.

4 Pendant la cuisson des moelleux, faites fondre le chocolat blanc et le mascarpone au bain-marie. Réservez le mélange au froid.

5 Quand les gâteaux ont refroidi, décorez-les avec la crème et quelques fruits rouges.

Mini-cakes au chocolat blanc, cœur cerise

Préparation : 30 min
Congélation : 2h
Cuisson : 15-20 min
Pour 4 mini-cakes

Votre marché

Pour les cœurs
- 60 g de cerises dénoyautées
- 25 g de confiture de cerises
- 1 pincée de fécule de maïs
- 10 g de beurre

Pour les cakes
- 80 g de Nestlé Dessert® Blanc
- 60 g beurre + pour les cercles
- 40 g de sucre glace
- 2 œufs
- 90 g de yaourt
- 70 g de farine + pourles cercles
- 1 pincée de levure chimique
- 1 sachet de sucre vanillé
- 10 g de miel de châtaignier

Matériel
- Mixeur
- Moules à glaçons
- Batteur électrique
- Papier sulfurisé
- 4 cercles à pâtisserie

1 Mixez les cerises avec la confiture et la fécule de maïs. Faites chauffer en remuant jusqu'à épaississement. Ajoutez le beurre. Remplissez 4 gros moules à glaçons. Réservez au congélateur pendant 2 h.

2 Coupez le chocolat blanc en pépites à l'aide d'un couteau. Séparez les blancs des jaunes d'œufs. Dans un saladier, battez le beurre avec le sucre glace jusqu'à obtenir une crème. Ajoutez alors les jaunes d'œufs un par un, puis le yaourt et enfin la farine tamisée avec la levure.

3 Montez les blancs en neige, puis versez le sucre vanillé et le miel en fin de montage. Incorporez-les délicatement à la pâte puis ajoutez les pépites de chocolat blanc. Placez au frais 1h.

4 Préchauffez le four à 200 °C (th. 6-7). Beurrez les cercles et saupoudrez-les de farine. Déposez un carré de papier cuisson sous chaque cercle et maintenez-le avec du papier d'aluminium. PLacez sur une toile de cuisson ou une feuille de papier sulfurisé posée sur une plaque de four. Répartissez la moitié de la pâte dans les cercles. Glissez au centre de chacun un glaçon de cerises et recouvrez du reste de pâte. Enfournez 15 à 20 min. Attention en sortant les cercles du four ; ils sont chauds et le restent encore une dizaine de minutes hors du four. Dégustez tiède ou à température ambiante.

Nestlé
dessert
Praliné
Un chocolat 100% pur beurre de cacao, à la fonte parfaite, préparé avec soin à partir de fèves sélectionnées. Avec le Plan Cacao, Nestlé soutient les cultivateurs pour améliorer la qualité de leur cacao.
PUR BEURRE DE CACAO
PRALINÉ NOISETTES
Cocoa Plan
www.latableadessert.fr
Des centaines d'idées recettes faciles et rapides!

Chocolat Praliné

Crème à la noix de coco, ananas et croustillant praliné

15 min de préparation + 1 h de réfrigération | 42 min de cuisson | 4 portions

Votre marché

- 100 g de Nestlé Dessert® Praliné
- ananas
- 15 cl de lait de coco
- 10 cl de lait
- 3 jaunes d'œufs
- 1 cuil. à soupe de noix de coco râpée
- 1 cuil. à soupe de sucre en poudre
- 50 g de crêpes dentelle

Matériel

- 4 ramequins
- Papier sulfurisé

1 Préchauffez le four à 160 °C (th. 5-6). Ôtez la peau de l'ananas et coupez-le en petits dés. Dans une poêle, faites-les dorer pendant 10 min.

2 Dans un saladier, mélangez le lait de coco, le lait, les jaunes d'œufs, la noix de coco râpée et le sucre. Répartissez la préparation dans les ramequins et enfournez-les pour 30 min de cuisson. Laissez refroidir à température ambiante.

3 Faites fondre 50 g de chocolat praliné, cassé en morceaux, au four à micro-ondes pendant 1 min à 500 W. Incorporez les crêpes dentelle émiettées. Recouvrez un plat d'une feuille de papier sulfurisé et réalisez 4 tuiles en chocolat dessus. Laissez-les prendre au réfrigérateur pendant 1 h.

4 Faites fondre le reste du chocolat praliné au four à micro-ondes, pendant 1 min à 500 W. Répartissez les dés d'ananas sur les crèmes à la noix de coco, puis plantez une tuile au pralin dans chacune d'entre elles. Versez enfin le chocolat fondu par-dessus et servez.

Variante : Adaptez les fruits à la saison : poires ou pommes en automne, fruits rouges en été…

Tartelettes aux pistaches, poires et glace pralinée

20 min de préparation + 2 h de congélation — 17 min de cuisson — 5 portions

Votre marché

- 1 tablette de 170 g de Nestlé Dessert® Praliné
- 5 cl de crème liquide
- 10 cl de lait
- 40 g de beurre mou
- 80 g de pistaches non salées
- 1 œuf
- 20 g de sucre en poudre
- 2 poires
- 1 cuil. à café de miel
- 1 pâte brisée prête à dérouler Herta®

Matériel

♦ Plat à gratin ♦ 5 moules à tartelette ♦ Mixeur

1 Faites fondre le chocolat praliné, cassé en morceaux, avec la crème et le lait au four à micro-ondes à 500 W, pendant 2 min. Ajoutez 20 g de beurre. Mélangez bien et versez le tout dans un plat à gratin. Placez-le au congélateur pendant au moins 2 h. Au bout de 1 h, remuez une fois à l'aide d'une fourchette.

2 Dans un saladier, mélangez les pistaches mixées, l'œuf, le sucre et le reste de beurre mou. Pelez et coupez les poires en fines lamelles. Faites-les cuire dans une poêle, sur feu moyen, avec le miel.

3 Répartissez la pâte brisée, avec son papier de cuisson, dans les 5 moules à tartelette, puis ajoutez le mélange à la pistache. Déposez 3 à 4 lamelles de poire sur chaque tartelette. Faites cuire dans la partie basse du four pendant 15 min.

4 Servez ces tartelettes, tièdes ou froides, avec une boule de crème glacée pralinée dessus.

Tartelettes au chocolat praliné et poires

20 min de préparation 53 min de cuisson 4 portions

Votre marché

- 1 tablette de 170 g de Nestlé Dessert® Praliné
- 1 pâte sablée prête à dérouler Herta®
- 10 cl de crème liquide
- 5 cl de lait
- 2 jaunes d'œufs
- 3 poires
- 2 cuil. à soupe d'amandes effilées

Matériel

- 4 moules à tartelettes
- Papier sulfurisé
- Gros sel
- Grand couteau

1 Préchauffez le four à 220 °C (th. 7). Déroulez la pâte sablée avec sa feuille de cuisson. Découpez 4 ronds de la taille des moules à tartelettes. Déposez chaque rond de pâte avec sa feuille de cuisson dans un moule. Recouvrez les fonds de tarte de papier sulfurisé et répartissez le gros sel dessus. Enfournez pour 10 min de cuisson.

2 Pendant ce temps, faites fondre 150 g de chocolat praliné, cassé en morceaux, avec la crème et le lait au four à micro-ondes, pendant 2 min à 500 W. Mélangez bien, puis incorporez les jaunes d'œufs. Versez la préparation dans les tartelettes et enfournez le plus bas possible pour 40 min de cuisson à 120°C (th. 4).

3 Lavez et épluchez les poires. Découpez-les en lamelles. Faites dorer les amandes dans une poêle sans matière grasse et réservez-les. À l'aide du couteau, débitez le reste du chocolat en copeaux. Disposez, sur les tartelettes, les lamelles de poires, les amandes grillées et parsemez de copeaux de chocolat.

Conseil : Vous pouvez servir ces tartelettes froides ou tièdes. Dans ce dernier cas, ajoutez une boule de crème glacée à la vanille.

Moelleux aux pistaches, framboises et chantilly au chocolat praliné

15 min de préparation + 20 min de réfrigération | 15 min de cuisson | 6 portions

Votre marché

- 1 tablette de 170 g de Nestlé Dessert® Praliné
- 60 g de pistaches non salées
- 3 œufs
- 60 g de beurre + 1 noix pour le moule
- 60 g de farine
- 80 g de sucre en poudre
- 10 cl de crème fleurette
- 300 g de framboises

Matériel

- Mixeur ♦ Batteur électrique
- Plat à gratin rectangulaire ♦ Siphon

1 Préchauffez le four à 200 °C (th. 6-7). Mixez les pistaches. Cassez les œufs en séparant les blancs des jaunes. Beurrez le plat à gratin.

2 Faites fondre le beurre et versez-le dans un saladier. Incorporez les jaunes d'œufs, la farine, la poudre de pistaches, le sucre et mélangez bien. Battez les blancs en neige bien ferme et ajoutez-les. Versez le tout dans le plat. Enfournez pour 12 min de cuisson.

3 Faites fondre le chocolat praliné, cassé en morceaux, avec la crème au four à micro-ondes pendant 2 min à 500 W. Versez le tout dans le siphon, sans mettre le gaz, et placez-le au réfrigérateur pendant 20 min.

4 Coupez le moelleux en 6 parts rectangulaires. Disposez les framboises sur les parts de moelleux. Déposez des chouquettes de chantilly au chocolat praliné par-dessus.

Conseil : Si vous n'avez pas de siphon, montez la crème en chantilly au batteur électrique, puis incorporez-la délicatement au chocolat fondu.

Gâteau au fromage blanc, fraises poêlées et mousse au chocolat praliné

30 min de préparation + 4 h de réfrigération — 15 min de cuisson — 8 portions

Votre marché

- 1 tablette de 170 g de Nestlé Dessert® Praliné
- 2 œufs
- 30 g de sucre en poudre
- 30 g de farine
- 1 cuil. à café de vanille liquide
- 200 g de fromage blanc battu
- 300 g de fraises
- 1 cuil. à soupe bombée de sucre roux
- 10 cl de crème fleurette bien froide
- 1 noix de beurre pour le moule

Matériel

- Batteur électrique ♦ Moule à cake
- Film alimentaire

1 Préchauffez le four à 180 °C (th. 6). Beurrez le moule à cake. Cassez les œufs en séparant les blancs des jaunes. Montez les blancs en neige bien ferme.

2 Dans un saladier, mélangez les jaunes d'œufs, le sucre, la farine, la vanille liquide et le fromage blanc. Incorporez délicatement les blancs montés en neige. Versez le tout dans le moule. Enfournez pour 12 min de cuisson. Laissez le gâteau refroidir avant de le démouler.

3 Lavez et équeutez les fraises, puis coupez-les en dés. Faites-les revenir avec le sucre roux dans une poêle pendant 2 min. Réservez.

4 Tapissez le moule de film alimentaire et reposez le gâteau dedans. Déposez sur la longueur, et uniquement au milieu, les dés de fraises. Laissez refroidir.

5 Préparez la mousse : faites fondre le chocolat praliné, cassé en morceaux, au bain-marie. Battez la crème en chantilly et ajoutez-la délicatement au chocolat fondu. Versez sur les fraises et le biscuit. Laissez prendre pendant 4 h au réfrigérateur. Démoulez et servez.

Fondant au chocolat praliné et glace à l'ananas et au fromage blanc

20 min de préparation + 24 h de congélation · 25 min de cuisson · 10 portions

Votre marché

- 1 tablette de 170 g de Nestlé Dessert® Praliné
- 1 ananas
- 1 cuil. à soupe de miel
- 10 cl de crème liquide
- 400 g de fromage blanc battu à 40 %
- 100 g de beurre + 1 noix pour le moule
- 50 g de sucre en poudre
- 30 g de farine
- 2 œufs

Matériel

- Plat rectangulaire ♦ Moule à cake

1 La veille, préparez la glace. Ôtez la peau de l'ananas et coupez-le en petits dés. Faites-les caraméliser avec le miel dans une poêle. Dans un saladier, mélangez la crème, le fromage blanc et les dés d'ananas. Versez le tout dans le plat rectangulaire et placez-le au congélateur pendant 24 h.

2 Le jour-même, préchauffez le four à 200 °C (th. 6-7). Beurrez le moule à cake. Faites fondre le chocolat praliné, cassé en morceaux, avec le beurre au four à micro-ondes pendant 2 min à 500 W.

3 Versez le chocolat fondu dans un saladier. Incorporez le sucre, la farine et les œufs. Mélangez bien. Remplissez le moule à cake de pâte. Enfournez pour 18 min de cuisson.

4 Sortez la glace du congélateur. Démoulez le fondant et découpez-le en parts. Dans chaque assiette, déposez une part de fondant et une boule de glace à l'ananas et au fromage blanc.

Conseil : sortez la glace 5 min avant de servir pour faire les boules.

Fondants au chocolat praliné sans œuf

Préparation : 15 min
Réfrigération : 1 h
Cuisson : 20 min
Pour 4 fondants

Votre marché

- 100 g de Nestlé Dessert® Praliné
- 150 g de tofu soyeux
- 2 cuil. à soupe de crème végétale (soja, épeautre ou avoine)
- 50 g de sucre roux
- 80 g de farine + pour les cercles
- 1/2 sachet de levure chimique
- Margarine pour les cercles

Matériel

- Batteur électrique
- Papier sulfurisé
- 4 cercles à pâtisserie

1 Faites fondre le chocolat praliné au bain-marie.

2 Battez le tofu, la crème et le sucre au fouet électrique. Quand le mélange est bien lisse, ajoutez le chocolat fondu et continuez à battre 2 à 3 min. Ajoutez enfin la farine tamisée avec la levure et mélangez. Placez au frais 1 h.

3 Préchauffez le four à 175 °C (th. 5-6). Badigeonnez les cercles de margarine et saupoudrez-les de farine. Déposez-les sur une toile de cuisson ou une feuille de papier sulfurisé posée sur une plaque de four. Répartissez la pâte dans les cercles et enfournez 20 min. Attention en sortant les cercles du four ; ils sont chauds et le restent encore une dizaine de minutes hors du four.

4 Démoulez et laissez tiédir sur une grille. Dégustez tiède ou à température ambiante.

Conseil : Incorporez le zeste râpé de 2 clémentines non traitées dans la pâte.

Moelleux au chocolat praliné toute vapeur

Préparation : 15 min — Cuisson : 1h20 — Pour 4 mœlleux

Votre marché

- 60 g de Nestlé Dessert® Praliné
- 2 œufs
- 50 g beurre mou
- 70 g sucre roux
- 100 g de yaourt
- 35 g poudre de noisettes
- 70 g de farine
- 1 cuil. à café de levure chimique

Matériel

- Batteur électrique
- Panier vapeur
- Papier cuisson
- Film alimentaire
- Cuit-vapeur
- 4 cercles à pâtisserie

1 Séparez les blancs des jaunes d'œufs. Montez les blancs en neige. Coupez le chocolat praliné en pépites à l'aide d'un couteau.

2 Dans un saladier, battez le beurre et le sucre jusqu'à obtenir une crème. Ajoutez les jaunes d'œufs un à un, puis le yaourt, la poudre de noisettes et la farine tamisée avec la levure. Incorporez délicatement les blancs montés en neige et les pépites de chocolat praliné.

3 Déposez une feuille de film alimentaire et 4 petits carrés de papier cuisson dans un panier vapeur plat. Déposez les cercles sur les carrés. Répartissez la pâte dans les cercles, relevez la feuille de film alimentaire par-dessus les cercles de façon à les enfermer hermétiquement. Faites cuire à la vapeur pendant environ 1h20. Le centre des moelleux doit être bombé. Attention en sortant les cercles du panier vapeur, ils sont chauds et le restent encore une dizaine de minutes hors du four.

4 Servez les gâteaux tièdes.

Cœurs coulants au chocolat praliné et abricots

Préparation : 20 min
Congélation : 3h

Cuisson : 15-20 min

Pour 4 coulants

Votre marché

Pour les cœurs
- 30 g Nestlé Dessert® Blanc
- 80 g de coulis d'abricot (sucré)

Pour la pâte
- 115 g de Nestlé Dessert® Praliné
- 90 g de beurre + pour les cercles
- 2 gros œufs
- 70 g de sucre
- 40 g de poudre de noisettes
- 35 g de farine + pour les cercles
- 1 pincée de sel

Matériel
- Moules à glaçons
- Batteur électrique
- Papier cuisson
- Papier d'aluminium
- 4 cercles à pâtisserie

1 Faites fondre le chocolat blanc dans le coulis d'abricot et répartissez la préparation dans 4 moules à glaçons. Réservez au congélateur pendant 3 h.

2 Faites fondre le chocolat praliné et le beurre en morceaux, au bain-marie ou au four à micro-ondes, puis laissez tiédir.

3 Dans un saladier, battez les œufs avec le sucre jusqu'à obtenir un mélange bien crémeux. Ajoutez le chocolat fondu puis la poudre de noisettes. Mélangez bien après chaque ajout. Incorporez la farine tamisée avec la pincée de sel.

4 Préchauffez le four à 190 °C (th. 6). Beurrez les cercles et saupoudrez-les de farine. Déposez un petit carré de papier cuisson sous chaque cercle et maintenez-le avec une feuille de papier d'aluminium qui remonte sur les parois extérieures du cercle. Disposez les cercles sur une plaque de cuisson.

5 Répartissez la pâte dans les cercles, insérez un glaçon dans chaque cercle et enfournez 15 à 20 min. Le centre des gâteaux doit être à peine pris. Attention en sortant les cercles du four ; ils sont chauds et le restent encore une dizaine de minutes hors du four. Servez tiède ou froid.

Éclairs au chocolat praliné et caramel croquant aux pistaches

30 min de préparation + 1h de réfrigération | 50 min de cuisson | 8 portions

Votre marché

- 1 tablette de 170 g de Nestlé Dessert® Praliné
- 4 œufs
- 1 cuil. à café bombée de fécule de maïs
- 30 cl de lait
- 1 cuil. à café de sel
- 1 cuil. à soupe de sucre roux
- 75 g de beurre
- 100 g de farine
- 30 g de sucre en poudre
- 20 g de pistaches non salées mixées

Matériel

- Plaque à pâtisserie
- Papier sulfurisé
- Poche à douille

1 Faites fondre le chocolat praliné, cassé en morceaux, au four à micro-ondes pendant 2 min à 500 W. Mélangez-le avec 1 œuf et la fécule de maïs. Dans une casserole, versez la préparation au chocolat, puis 20 cl lait chaud. Portez à ébullition en mélangeant. Laissez refroidir pendant 1h.

2 Préchauffez le four à 180 °C (th. 6). Préparez la pâte à choux : dans une casserole, mélangez 10 cl d'eau, 10 cl de lait, le sel, le sucre roux et le beurre. Portez à ébullition, puis ajoutez la farine. Mélangez sur feu doux jusqu'à ce que la pâte se détache. Hors du feu, incorporez, un à un, les 3 œufs restants.

3 Séparez la pâte en éclairs de 5 cm de long. Déposez-les sur la plaque à pâtisserie recouverte de papier sulfurisé. Enfournez pour 35 min de cuisson. Laissez-les sécher dans le four éteint, pendant 5 min, avant d'ouvrir la porte du four.

4 Faites 3 trous en dessous des éclairs et utilisez-les pour les remplir de crème à l'aide de la poche à douille.

5 Dans une poêle sans eau ni matière grasse, répartissez le sucre en poudre. Faites chauffer jusqu'à coloration sans le mélanger. Quand le caramel est aux deux tiers doré, mélangez-le et versez-le aussitôt en zigzags sur les éclairs. Saupoudrez rapidement de pistaches mixées.

Tartelettes au chocolat praliné et pistaches caramélisées

20 min de préparation
+ 1 h de réfrigération

45 min de cuisson

4 portions

Votre marché

- 1 tablette de 170 g de Nestlé Dessert® Praliné
- 1 pâte sablée prête à dérouler Herta®
- 10 cl de crème liquide
- 10 cl de lait
- 2 jaunes d'œufs
- 20 g de pistaches non salées
- 30 g de sucre en poudre

Matériel

- 4 moules à tartelettes ♦ Papier sulfurisé
- 4 poignées de haricots secs ♦ Mixeur

1 Préchauffez le four à 220 °C (th. 7). Déroulez la pâte sablée avec sa feuille de cuisson. Découpez 4 ronds de la taille des moules à tartelettes. Déposez chaque rond de pâte avec sa feuille de cuisson dans un moule. Recouvrez les fonds de tarte de papier sulfurisé et répartissez le gros sel dessus. Enfournez pour 10 min de cuisson.

2 Pendant ce temps, faites fondre, au four à micro-ondes, le chocolat praliné cassé en morceaux avec la crème pendant 1 min à 500 W. Ajoutez le lait et les jaunes d'œufs. Baissez la température du four à 160 °C (th. 5).

3 Répartissez la crème dans les fonds de tarte. Enfournez-les de nouveau, le plus bas possible, pour 30 min de cuisson. Laissez les tartelettes refroidir à température ambiante, puis placez-les au réfrigérateur pendant 1 h.

4 Mixez les pistaches de façon grossière. Dans une poêle, versez le sucre et faites-le chauffer sans remuer jusqu'à obtenir une belle coloration dorée. Ajoutez rapidement les pistaches mixées et versez le caramel sur une feuille de papier sulfurisé. Concassez-le grossièrement et répartissez les brisures sur les tartelettes.

Tartelettes aux bananes, chocolat praliné et noix de pécan caramélisées

20 min de préparation 35 min de cuisson 5 portions

Votre marché

- 1 tablette de 170 g de Nestlé Dessert® Praliné
- 1 pâte brisée prête à dérouler Herta®
- 15 cl de crème liquide
- 5 cl de lait demi-écrémé
- 2 jaunes d'œufs
- 4 bananes
- 30 g de sucre en poudre
- 30 g de noix de pécan

Matériel

- 5 moules à tartelette
- Papier sulfurisé

1 Préchauffez le four à 180 °C (th. 6). Répartissez la pâte brisée, avec son papier de cuisson, entre les 5 moules à tartelette. Faites-les cuire à blanc pendant 5 min.

2 Faites fondre le chocolat praliné, cassé en morceaux, avec la crème et le lait au four à micro-ondes à 500 W, pendant 2 min. Versez le mélange dans un saladier et ajoutez les jaunes d'œufs. Mélangez bien. Remplissez les fonds de tarte de préparation au chocolat et enfournez-les pour 25 min de cuisson.

3 Découpez les bananes en rondelles et déposez-les sur les tartelettes. Faites chauffer le sucre dans une poêle, sans eau. Lorsqu'il est fondu et coloré, ajoutez les noix de pécan et versez immédiatement sur une feuille de papier sulfurisé. Recouvrez d'une autre feuille de papier sulfurisé et concassez les noix de pécan caramélisées. Répartissez-les sur les tartelettes.

Mousse au chocolat praliné

10 min de préparation +1 h + 24 h de réfrigération — 5 min de cuisson — 6 portions

Votre marché

- 1 tablette de 170 g de Nestlé Dessert® Praliné
- 20 cl de crème fleurette
- 30 g de beurre mou

Matériel

- Batteur électrique
- Fouet
- Maryse
- 6 verrines

1 Placez la crème, dans un saladier, pendant au moins 1 h au réfrigérateur.

2 Faites fondre le chocolat praliné, cassé en morceaux, au bain-marie. Versez-le dans un saladier et laissez-le tiédir pendant 1 min. Coupez le beurre mou en petits dés, puis ajoutez-les au chocolat fondu. Mélangez bien.

3 Battez la crème fleurette en chantilly souple (pas trop ferme). Ajoutez un tiers de cette chantilly au chocolat fondu. Mélangez avec un fouet jusqu'à l'obtention d'un mélange homogène. Ajoutez délicatement, avec une maryse, le reste de la crème.

4 Répartissez la mousse dans les verrines. Laissez-les prendre pendant 24 h au réfrigérateur avant de les servir.

Variante : Avant de servir, saupoudrez les mousses de crêpes dentelle émiettées.

Pâte à tartiner au chocolat praliné

10 min de préparation + 3 h de réfrigération
2 min de cuisson
8 portions

Votre marché

- 1 tablette de 170 g de Nestlé Dessert® Praliné
- 10 cl de crème liquide
- 20 g de beurre

Matériel

- Pot avec son couvercle

1 Faites fondre le chocolat praliné, cassé en morceaux, avec la crème, au four à micro-ondes, pendant 2 min à 500 W. Ajoutez le beurre et mélangez bien.

2 Versez la préparation dans le pot et laissez prendre au réfrigérateur pendant 3 h.

Conseil : Idéal au goûter, ou au petit déjeuner, sur des tranches de pain grillé ou, pour les plus gourmands, sur des petits pains au lait.

Brochettes d'automne à la cannelle et sauce chocolat-pralin

15 min de préparation
+ 1 h de réfrigération

6 min de cuisson

4 portions

Votre marché

- 40 g de Nestlé Dessert® Praliné
- 1 poire
- pomme golden
- 4 figues fraîches
- 20 cl de jus de pomme
- 1 cuil. à café de cannelle
- 1 cuil. à soupe de crème liquide
- 1 cuil. à café rase de pralin

Matériel

- 4 piques à brochette
- Plat creux

1 Lavez et épluchez la poire et la pomme, puis coupez-les en gros morceaux. Lavez et coupez les figues en deux. Dans une carafe, mélangez le jus de pomme et la cannelle.

2 Sur les piques, disposez les morceaux de fruits en les alternant. Déposez-les dans un plat creux et versez dessus le jus de pomme à la cannelle. Laissez-les mariner pendant 1 h, en les retournant de temps en temps.

3 Dans une casserole, faites chauffer doucement la crème. Cassez le chocolat en morceaux dans un saladier. Ajoutez la crème chaude et le pralin. Mélangez bien et réservez.

4 Dans une poêle bien chaude, faites revenir les brochettes avec la marinade pendant 5 min à feu vif. La marinade doit se lier.

5 Dans chaque assiette, déposez une brochette, un peu de marinade et nappez de sauce au chocolat praliné.

Nems aux poires, chocolat praliné et noisettes

10 min de préparation 10 min de cuisson 12 portions

Votre marché

- 1 tablette de 170 g de Nestlé Dessert® Praliné
- 2 poires
- 2 cuil. à soupe de noisettes décortiquées
- Le zeste de ½ orange non traitée
- 6 feuilles de brick
- 1 noix de beurre

Matériel

- Plaque à pâtisserie
- Papier sulfurisé

1 Préchauffez le four à 220 °C (th. 7). Recouvrez la plaque du four de papier sulfurisé.

2 Épluchez les poires et coupez-les en dés. Hachez grossièrement les noisettes et débitez le chocolat praliné en grosses pépites. Dans un saladier, mélangez les poires, les noisettes, les pépites de chocolat et le zeste d'orange.

3 Coupez les feuilles de brick en deux. Déposez sur le côté arrondi une bande de 5 cm de long sur 2 cm de large de mélange fruits-chocolat. Repliez les côtés pour que la garniture ne parte pas et roulez la feuille. Faites ainsi 12 nems et badigeonnez-les légèrement de beurre. Déposez-les sur la plaque et enfournez pour 10 min de cuisson.

Amandine aux poires et mousse au chocolat praliné

20 min de préparation + 3 h de réfrigération — 25 min de cuisson — 5 portions

Votre marché

- 1 tablette de 170 g de Nestlé Dessert® Praliné
- 10 cl de crème fleurette
- 3 poires
- 1 gousse de vanille
- 50 g de beurre fondu + 1 grosse noix pour les moules
- 2 œufs
- 80 g de poudre d'amandes
- 40 g de sucre en poudre
- 30 g de farine

Matériel

- Batteur électrique
- Grand couteau
- 5 moules à tartelettes

1 Faites fondre 130 g de chocolat praliné, coupé en morceaux, au bain-marie. Battez la crème fleurette en chantilly et incorporez-la délicatement au chocolat fondu. Placez la préparation obtenue au réfrigérateur pendant 3 h.

2 Préchauffez le four à 180 °C (th. 6). Pelez et coupez les poires en dés. Faites-les caraméliser dans une poêle avec la gousse de vanille fendue et grattée. Réservez-les. Beurrez les moules à tartelettes.

3 À l'aide du couteau, coupez le reste du chocolat en pépites. Dans un saladier, mélangez le beurre fondu, les œufs, la poudre d'amandes, le sucre et la farine. Ajoutez les dés de poire caramélisés et le chocolat en pépites.

4 Répartissez la pâte dans les moules à tartelettes et enfournez pour 15 min de cuisson. Laissez-les refroidir à température ambiante.

5 Juste avant de servir, déposez une quenelle de mousse au chocolat praliné sur chaque tartelette.

Tiramisu au chocolat praliné et pêches

15 min de préparation
+ 2 h de réfrigération

10 portions

Votre marché

- 1 tablette de 170 g de Nestlé Dessert® Praliné
- 1 cuil. à soupe de mascarpone
- 1 grosse boîte de pêches au sirop
- 1 cuil. à café bombée de Nescafé® Sélection
- 26 biscuits à la cuiller
- 10 cl de crème fleurette bien froide
- Un peu de Nestlé Dessert® 100 % Cacao - Poudre

Matériel

- Plat à gratin, carré ou rectangulaire
- Batteur électrique

1 Dans un bol, mélangez énergiquement le mascarpone. Faites fondre le chocolat praliné cassé en morceaux au four à micro-ondes à 500 W pendant 2 min. Ajoutez petit à petit le mascarpone.

2 Découpez les pêches au sirop en dés. Diluez le café dans 20 cl d'eau tiède. Humidifiez les biscuits à l'aide du café et tapissez-en le fond du plat à gratin. Recouvrez avec les dés de pêche.

3 Battez la crème en chantilly et incorporez-la délicatement à la préparation au chocolat. Recouvrez-en les biscuits. Déposez ensuite une dernière couche de biscuits imbibés. Laissez le plat au frais pendant 2 h.

4 Avant de servir, saupoudrez de cacao.

Frappucino au chocolat praliné

10 min de préparation
+ 2 h de congélation

5 min de cuisson

6 portions

Votre marché

- 2 tablettes de 170 g de Nestlé Dessert® Praliné
- 20 feuilles de menthe
- 1,2 l de lait
- 25 glaçons

Matériel

- Mixeur ou blender
- Plat à gratin
- 6 grands verres

1 Faites fondre le chocolat praliné, cassé en morceaux, au bain-marie.

2 Mixez les feuilles de menthe et 40 cl de lait. Incorporez le chocolat fondu et versez le tout dans le plat à gratin. Placez-le au congélateur pendant 2 h. Grattez à l'aide d'une fourchette toutes les 30 min.

3 Juste avant de servir, mixez le reste du lait et les glaçons. Ajoutez 2 boules de granité dans chaque verre.

Scones au cœur de chocolat praliné et amandes

15 min de préparation
+ 1 h de réfrigération
+ 1 h de congélation

20 min de cuisson

10 portions

Votre marché

- 1 tablette de 170 g de Nestlé Dessert® Praliné
- 5 cl de crème liquide
- 340 g de farine
- 75 g de sucre en poudre
- 1 sachet de levure chimique
- 80 g de beurre
- 1 gousse de vanille
- 1 œuf + 1 jaune d'œuf
- 10 cl de lait entier
- 30 g d'amandes effilées

Matériel

- Grand couteau ♦ Pinceau de cuisine
- Plaque à pâtisserie ♦ Papier sulfurisé

1 À l'aide du couteau, coupez le chocolat praliné en grosses pépites et faites-le fondre dans une casserole avec la crème. Placez au réfrigérateur pendant 1 h.

2 Sortez la crème au chocolat et formez 10 truffes. Placez-les au congélateur pendant 1 h.

3 Préchauffez le four à 180 °C (th. 6). Dans un saladier, versez la farine, le sucre et la levure. Mélangez bien. Coupez le beurre en dés et incorporez-le à la pâte du bout des doigts. Fendez la gousse de vanille en deux et récupérez les graines. Faites un puits dans la pâte. Dans un bol, battez 1 œuf avec le lait et les graines de vanille. Versez le tout dans le puits et travaillez la pâte rapidement.

4 Faites 10 boules de pâte et déposez 1 truffe au centre au centre de chacune. Badigeonnez de jaune d'œuf et parsemez d'amandes effilées.

5 Recouvrez la plaque à pâtisserie d'une feuille de papier sulfurisé et déposez-y les boules de pâte. Enfournez pour 17 min de cuisson.

Cheesecake aux pêches et chocolat praliné

20 min de préparation + 4 h 30 de réfrigération — 47 min de cuisson — 8 portions

Votre marché

- 260 g de Nestlé Dessert® Praliné
- 15 spéculoos
- 4 pêches
- 4 œufs
- 60 g de farine
- 60 g de sucre en poudre
- 400 g de fromage blanc
- Le zeste de 1 citron
- 1 cuil. à café de coriandre moulue
- 3 cuil. à soupe de crème liquide

Matériel

- Mixeur ♦ Moule au fond amovible
- Papier sulfurisé ♦ Batteur électrique

1 Faites fondre 170 g de chocolat praliné au four à micro-ondes, pendant 2 min à 500 W. Mixez les biscuits Spéculoos® et ajoutez-les au chocolat fondu. Tapissez le fond du moule de papier sulfurisé et versez-y la préparation. Placez au réfrigérateur pendant 1 h.

2 Préchauffez le four à 160 °C (th. 5-6). Coupez les pêches en quatre et dénoyautez-les. Tapissez les parois du moule de papier sulfurisé. Ajoutez les pêches contre les parois. Cassez les œufs en séparant les blancs des jaunes. Montez les blancs en neige bien ferme.

3 Dans un saladier, versez les jaunes d'œufs, la farine, le sucre et le fromage blanc. Mélangez bien, puis incorporez les blancs montés en neige. Ajoutez le zeste de citron et la coriandre. Versez la préparation dans le moule et enfournez pour 40 min de cuisson. Placez au réfrigérateur pendant 3 h avant de démouler.

4 Faites fondre 90 g de chocolat praliné, cassé en morceaux, avec la crème liquide. Nappez le gâteau de chocolat fondu. Placez le *cheesecake* au réfrigérateur pendant au moins 30 min avant de le servir.

Charlotte aux bananes et chocolat praliné

20 min de préparation + 2 h 45 de réfrigération | 17 min de cuisson | 8 portions

Votre marché

- 1 tablette de 170 g de Nestlé Dessert® Praliné
- 3 œufs
- 40 g de beurre fondu
- 50 g de farine
- 3 cuil. à soupe de sucre en poudre + 50 g
- 15 cl de crème fleurette bien froide
- 2 bananes
- Le jus de citron
- 3 feuilles de gélatine
- 400 g de fromage blanc

Matériel

- Batteur électrique
- Papier sulfurisé
- Rouleau à pâtisserie
- Moule à charlotte

1 Préchauffez le four à 200 °C (th. 6-7). Cassez les œufs en séparant les blancs des jaunes. Montez les blancs en neige bien ferme. Dans un saladier, mélangez le beurre fondu, les jaunes d'œufs, la farine et 3 cuil. à soupe de sucre. Incorporez délicatement les blancs montés en neige.

2 Recouvrez la plaque de papier sulfurisé. Étalez-y la pâte et enfournez pour 10 min de cuisson. Ensuite, découpez des bandes de pâte de la hauteur du moule à charlotte.

3 Tapissez le fond du moule à charlotte de papier sulfurisé. Recouvrez les bords du moule de bandes de pâte cuite. Réservez 2 cuil. à soupe de crème fleurette. Battez le reste en chantilly. Cassez le chocolat praliné en morceaux et faites-le fondre au four à micro-ondes pendant 2 min à 500 W. Incorporez la chantilly au chocolat fondu et mélangez délicatement. Versez la crème au chocolat dans le moule et placez-le au réfrigérateur pendant 45 min.

4 Épluchez les bananes et coupez-les en morceaux. Mixez-les avec le jus de citron. Réservez. Faites ramollir la gélatine dans de l'eau froide, puis égouttez-la. Dans une casserole, faites-la fondre avec le reste de crème. Ajoutez 50 g de sucre, le fromage blanc et les bananes au jus de citron. Remplissez-en le moule et placez-le au réfrigérateur au minimum 2 h. Démoulez et servez.

Millefeuilles à la crème au nougat, framboises et chocolat praliné

20 min de préparation + 1 h 30 de réfrigération | 42 min de cuisson | 4 portions

Votre marché

- 1 tablette de 170 g de Nestlé Dessert® Praliné
- 100 g de nougat
- 60 cl de lait
- 4 œufs
- 60 g de fécule de maïs
- 1 pâte feuilletée rectangulaire prête à dérouler Herta®
- 30 g d'amandes effilées
- 125 g de framboises

Matériel

- Poche à douille
- Plaque à pâtisserie
- Papier sulfurisé
- Gros sel

1 Dans une casserole, faites fondre 60 g de nougat et 30 cl de lait. Dans un saladier, mélangez 2 œufs et 30 g de fécule de maïs. Versez le lait chaud au nougat dessus et reversez le tout dans la casserole. Portez à ébullition et laissez épaissir en remuant. Placez la préparation dans le saladier et laissez-la refroidir avant de la mettre au réfrigérateur pendant 30 min.

2 Préparez la crème pralinée : faites fondre le chocolat praliné, cassé en morceaux, avec le reste du lait. Dans un saladier, mélangez les 2 œufs et la fécule restants. Ajoutez le lait au chocolat et versez le tout dans la casserole. Portez à petite ébullition en remuant. Remettez la préparation dans le saladier et laissez-la refroidir. Remplissez-en la poche à douille et mettez au réfrigérateur pendant 1 h.

3 Préchauffez le four à 220 °C (th. 7). Étalez la pâte feuilletée. Coupez-la en 8 morceaux. Saupoudrez-les d'amandes et déposez-les, avec leur feuille de cuisson, sur la plaque. Recouvrez-les d'une grande feuille de papier sulfurisé et déposez du gros sel par-dessus. Enfournez le plus bas possible pour 12 min de cuisson.

4 Sur chaque assiette, déposez un morceau de pâte feuilletée, recouvrez-le d'une couche de crème au nougat et disposez des framboises par-dessus. Recouvrez d'un deuxième morceau de pâte feuilletée. À l'aide de la poche à douille, répartissez la crème au chocolat praliné et terminez en parsemant de dés de nougat. Servez aussitôt.

Cupcakes à l'orange et chocolat praliné

30 min de préparation + 1 h de réfrigération
15 min de cuisson
8 portions

Votre marché

- 1 tablette de 170 g de Nestlé Dessert® Praliné
- 1 orange non traitée
- 80 g de beurre + 1 noix
- 3 œufs
- 100 g de farine
- 80 g de sucre en poudre
- ½ sachet de levure
- 1 cuil. à soupe de crème liquide

Matériel
- Zesteur ou râpe à légumes ♦ Plaque à pâtisserie
- 8 caissettes en papier

1 Préchauffez le four à 200 °C (th. 6-7). Lavez l'orange et prélevez son zeste. À l'aide d'un couteau, coupez 120 g de chocolat praliné en pépites. Faites fondre le beurre dans une casserole, sur feu doux.

2 Versez le beurre fondu dans un saladier et ajoutez les œufs, la farine, le sucre et la levure. Mélangez bien et incorporez le zeste d'orange et les pépites de chocolat. Remplissez les caissettes aux deux tiers et faites-les cuire sur la plaque du four pendant 14 min.

3 Faites fondre le chocolat restant, cassé en morceaux, avec la crème, 1 noix de beurre et 1 cuil. à soupe d'eau chaude, au four à micro-ondes à 500 W, pendant 1 min. Mélangez bien. Recouvrez les cupcakes de ce glaçage et placez-les au réfrigérateur pendant 1 h.

4 Pelez l'orange à vif, coupez-la en tranches, puis coupez celles-ci en deux. Faites-les poêler 2 min, sans rien ajouter. Laissez les demi-tranches refroidir et déposez-les sur les cupcakes.

Brownie au chocolat praliné

15 min de préparation 15 min de cuisson 10 portions

Votre marché

- 1 tablette de 170 g de Nestlé Dessert® Praliné
- 140 g de beurre + 1 noix pour le moule
- 70 g de farine + 1 cuil. à soupe pour le moule
- 80 g de sucre en poudre
- 3 œufs
- 30 g d'amandes effilées

Matériel

- Moule carré

1 Préchauffez le four à 200 °C (th. 6-7). Beurrez et farinez le moule carré.

2 Cassez le chocolat praliné en morceaux. Faites-le fondre avec le beurre au four à micro-ondes à 500 W, pendant 2 min. Ajoutez la farine, le sucre, les œufs et les amandes. Mélangez bien.

3 Remplissez le moule de pâte, puis enfournez pour 13 min de cuisson.

Crème au chocolat praliné

10 min de préparation + 1 h de réfrigération | 20 min de cuisson | 4 portions

Votre marché

- 1 tablette de 170 g de Nestlé Dessert® Praliné
- 1 cuil. à soupe de sucre en poudre
- 3 jaunes d'œufs
- 4 boules de crème glacée vanille
- 10 cl de lait
- 10 cl de crème liquide

Matériel

- 4 plats à gratin individuels
- Batteur électrique

1 Préchauffez votre four à 160 °C (th. 5).

2 Dans un saladier, versez la crème fraîche et le lait sur le chocolat cassé en morceaux. Couvrez et faites chauffer 2 min au four à micro-ondes à 850 W. Mélangez.

3 Dans un autre saladier, battez les jaunes d'œufs et incorporez petit à petit la crème chocolatée.

4 Répartissez la préparation dans 4 plats à gratin individuels. Enfournez 14 min.

5 Sortez les crèmes du four, laissez-les tiédir et placez-les 1 h au réfrigérateur.

6 Saupoudrez les crèmes de sucre en poudre et enfournez 5 à 6 min. Surmontez chaque crème au chocolat praliné d'une boule de glace vanille juste avant de servir.

Paris-Brest au chocolat praliné

20 min de préparation · 50 min de cuisson · 8 portions

Votre marché

- 2 tablettes de 170 g de Nestlé Dessert® Praliné
- 160 g de farine
- 20 g de sucre en poudre
- 4 gros œufs
- 20 cl de crème fleurette bien froide
- 110 g de beurre
- 1 pincée de sel

Matériel
- Plaque à pâtisserie
- Poche à douille
- Papier sulfurisé

1 Versez le chocolat fondu avec 30 g de beurre dans un saladier froid. Ajoutez la crème battue en chantilly et placez 1 h au réfrigérateur.

2 Préchauffez votre four à 180 °C (th. 6). Puis, dans une grande casserole, préparez la pâte à choux en portant à ébullition 25 cl d'eau, le sucre, les 80 g de beurre restants et la pincée de sel. Incorporez la farine et mélangez énergiquement. Laissez chauffer à feu doux jusqu'à ce que la pâte se détache du fond de la casserole et forme une boule.

3 Hors du feu, ajoutez un à un les œufs tout en continuant à mélanger. La pâte doit être lisse et homogène.

4 Sur une plaque de cuisson recouverte de papier sulfurisé, réalisez avec une poche à douille 2 cercles de pâte collés de 3 cm de large et d'environ 25 cm de diamètre. Disposez un troisième cercle de pâte par dessus.

5 Enfournez en milieu de four 50 min. Puis éteignez le four et laissez les biscuits encore 10 min. Sortez-les du four et laissez-les refroidir. Ouvrez-les en deux et garnissez-les de crème pralinée avant de servir.

Noisetier au chocolat praliné

15 min de préparation + 3 h de réfrigération | 15 min de cuisson | 8 portions

Votre marché

- 85 g de Nestlé Dessert® Praliné
- 150 g de Nestlé Dessert® Noir
- 4 blancs d'œufs pour le biscuit
- 4 œufs pour la mousse
- 40 g de sucre en poudre
- 20 g de farine
- 60 g de sucre glace
- 80 g de poudre de noisettes
- 80 g de crêpes dentelles
- 1 noix de beurre pour le moule

Matériel

♦ Batteur électrique ♦ Passoire fine ♦ Moule à manqué ♦ Mixeur ♦ Papier d'aluminium

1 Préchauffez le four à 180 °C (th. 6). Montez les 4 blancs d'œufs en neige bien ferme, avec le sucre en poudre. Dans un saladier, tamisez la farine, le sucre glace et la poudre de noisettes. Incorporez délicatement les blancs en neige. Versez la préparation dans un moule à manqué beurré. Enfournez pour 15 min de cuisson. Démoulez.

2 Faites fondre le chocolat praliné cassé en morceaux. Mixez les crêpes dentelles émiettées avec le chocolat fondu. Étalez cette préparation sur le biscuit. Encerclez le biscuit d'une bande de papier d'aluminium de 6 cm de large. Placez 10 min au réfrigérateur.

3 Cassez les 4 œufs en séparant les blancs des jaunes. Montez les blancs en neige bien ferme. Faites fondre le chocolat noir cassé en morceaux au bain-marie. Mélangez-le avec les jaunes d'œufs dans un saladier. Ajoutez délicatement les blancs en neige. Versez le tout sur le gâteau et laissez reposer au frais pendant 3 h.

Chocolat Praliné

Bûche pralinée au pain d'épice et pommes caramélisées

20 min de préparation + 4 h de réfrigération | 15 min de cuisson | 10 portions

Votre marché

- 2 tablettes de 170 g de Nestlé Dessert® Praliné + quelques copeaux pour la décoration
- 4 tranches de pain d'épice
- 5 œufs
- 80 g de beurre + 1 noix pour le moule
- 80 g de farine
- 40 g de sucre en poudre
- 4 pommes golden
- 1 cuil. à soupe de miel
- 10 cl de crème liquide

Matériel

♦ Batteur électrique ♦ Plaque à pâtisserie
♦ Mixeur ♦ Moule à cake ♦ Film alimentaire

1 Préchauffez le four à 200 °C (th. 7). Montez les blancs en neige. Mixez le pain d'épice. Dans un saladier, mélangez le beurre fondu, les jaunes d'œufs, la farine, la poudre de pain d'épice et le sucre. Incorporez les blancs en neige.

2 Remplissez la plaque beurrée de pâte. Enfournez pour 10 à 12 min de cuisson. Coupez les pommes en petits dés. Faites-les cuire dans une poêle avec le miel.

3 Faites chauffer la crème et le chocolat praliné, cassé en morceaux, au four à micro-ondes à 500 W, pendant 3 min.

4 Coupez le biscuit en trois parts de la taille du moule à cake. Tapissez le moule à cake de film alimentaire. Déposez une première couche de biscuit, la moitié de la ganache au chocolat, une autre couche de biscuit et le reste de la ganache mélangée aux pommes caramélisées. Terminez par un morceau de biscuit.

5 Placez au frais pendant 4 h. Démoulez et décorez de copeaux de chocolat.

Mousse chocolat praliné et fruits

15 min de préparation + 2 h de réfrigération — 5 min de cuisson — 5 portions

Votre marché

- 1 tablette de 170 g de Nestlé Dessert® Praliné
- 15 cl de crème fleurette bien froide
- 1 banane
- 10 fraises

Matériel

- Batteur électrique ♦ 5 coupes

1 Dans un saladier, cassez le chocolat en morceaux et faites-le fondre 1 min au four à micro-ondes à 500 W. Battez la crème en chantilly à l'aide du batteur électrique. Ajoutez délicatement la chantilly au chocolat, puis versez la mousse dans 5 coupelles. Placez au réfrigérateur 2 h.

2 Coupez la banane et les fraises en tranches et décorez les coupelles en formant des figures : bateau avec la banane pour la coque et le mat et les fraises pour les voiles par exemple. Vos enfants adoreront !

Conseil : Proposez à vos enfants de vous aider pour la présentation : réalisez un wagon constitué d'une grosse tranche de banane, de rondelles de banane pour les roues et d'une petite tranche de banane pour la cheminée. Proposez-leur aussi un choix de fraises pour les inciter à manger plus de fruits et des céréales pour des verrines croustillantes.

Madeleines pralinées à la fleur de sel, cœur chocolat

10 min de préparation + 30 min de réfrigération | 15 min de cuisson | 8 portions

Votre marché

- 1 tablette de 170 g de Nestlé Dessert® Praliné
- 100 g de Nestlé Dessert® Noir
- 100 g de farine
- 100 g de beurre
- 70 g de sucre en poudre
- 2 œufs
- 20 g de poudre de noisettes
- 1 cuillerée à café rase de levure chimique
- 1 pincée de fleur de sel

Matériel

- Moules à madeleines

1 Faites fondre le chocolat praliné avec le beurre au micro-ondes, 1 min 30, à 500 W.

2 Dans un saladier, battez les œufs avec le sucre et la fleur de sel. Ajoutez le beurre et le chocolat fondus, puis la farine, la poudre de noisettes et la levure. Placez la pâte au réfrigérateur 30 min.

3 Préchauffez votre four à 180 °C (th. 6). Beurrez une plaque de moules à madeleines et versez-y la pâte. Enfoncez un carré de chocolat noir dans chaque empreinte et faites cuire 14 à 15 min au milieu du four.

Conseil : Accompagnez ces madeleines d'un chocolat au lait chaud: faites fondre 1 tablette de 170 g de Nestlé Dessert® au Lait dans 30 cl de lait et 20 cl de crème liquide à feu doux. Dégustez bien chaud.

Chocolat Praliné

Pop cakes colorés, cœur de chocolat blanc

30 min de préparation + 2 h de réfrigération — 20 min de cuisson — 35 portions

Votre marché

- 1 tablette de 170 g de Chocolat Nestlé Dessert® Praliné
- 1 tablette de 170 g de Nestlé Dessert® au Lait
- 100 g de Nestlé Dessert® Blanc
- 100 g de fromage frais à tartiner 40-60 % de matière grasse
- 1 banane
- 80 g de farine
- 80 g de sucre en poudre
- 80 g de beurre
- 30 g de crème fraîche épaisse
- 3 œufs
- 1/2 sachet de levure chimique
- 2 cuil. à soupe de vermicelles

Matériel

- Piques en bois

1 Faites fondre le chocolat blanc avec la crème au micro-ondes, pendant 2 min à 500 W. Mélangez bien et placez au réfrigérateur 1 h.

2 Préchauffez votre four à 180 °C (th.6). Faites fondre le chocolat au lait avec le beurre au micro-ondes, 2 min à 500 W. Ajoutez les œufs entiers, le sucre, la farine et la levure, puis mélangez. Versez dans un moule à manqué et faites cuire le gâteau dans votre four 15 min. Laissez refroidir.

3 Dans un saladier, écrasez la banane avec le fromage frais. Émiettez le gâteau et ajoutez-le dans le saladier. Mélangez bien pour former une pâte.

4 Avec la pâte au chocolat blanc, formez de petites billes puis entourez-les de pâte de gâteau. Piquez chaque boule sur une pique à brochettes. Placez au réfrigérateur.

5 Faites fondre le chocolat praliné au bain-marie et maintenez-le au chaud. Nappez les pop cakes de ce chocolat en les plongeant tour à tour dans le chocolat praliné. Parsemez de vermicelles et replacez 1 h au réfrigérateur. Sortez-les 10 min avant de les déguster.

Variante : Ces pop cakes peuvent également être réalisés avec le Nestlé Dessert® Caramel en nappage.

Mini-mug cakes très pralinés

5 min de préparation
+ 5 min de repos
2 min 30 de cuisson
4 mini-mugs

Votre marché

- 60 g de Nestlé Dessert® Praliné (12 carrés)
- 30 g de beurre (2 cuil. à soupe)
- 1 cuil. à soupe de sucre
- 1 œuf
- 2 cuil. à soupe de lait
- 3 cuil. à soupe de farine
- 1 pincée de levure chimique

1 Dans un bol, cassez la moitié du chocolat praliné en petits morceaux. Ajoutez le beurre et faites fondre le tout pendant 1 min au micro-ondes (750 W). Mélangez à l'aide d'une fourchette pour faire fondre les éventuels morceaux de chocolat restants. Ajoutez le sucre et mélangez.

2 Cassez l'œuf dans le bol puis versez le lait. Mélangez vigoureusement. Ajoutez la farine et la levure chimique, mélangez de nouveau jusqu'à obtenir une pâte bien lisse. À l'aide d'un gros couteau, hachez grossièrement le reste du chocolat praliné pour en faire des pépites puis incorporez- les à la pâte.

3 Versez la préparation dans 4 mini-mugs et placez-les sur le plateau du micro-ondes. Faites cuire pendant 1 min 30 (750 W). Vérifiez la cuisson en glissant un couteau le long de la paroi des mini-mugs. Remettez à cuire 20 s s'il reste du liquide sur le dessus ou dans le fond. Laissez reposer 5 min avant de déguster.

Mini-mug cakes comme des muffins au chocolat praliné

10 min de préparation + 5 min de repos | 2 min de cuisson | 4 mini-mugs

Votre marché

- 40 g de chocolat Nestlé Dessert® Praliné (8 carrés)
- 4 cuil. à soupe de farine
- 1 pincée de levure chimique
- 2,5 cuil. à soupe de sucre
- 1 sachet de sucre vanillé
- 1,5 cuil. à soupe d'huile de colza
- 3 cuil. à soupe de lait

Matériel

- 4 verrines

1 Dans un bol, mélangez la farine, la levure, le sucre et le sucre vanillé.

2 Versez l'huile, le lait et mélangez rapidement à l'aide d'une fourchette.

3 À l'aide d'un gros couteau, hachez grossièrement le chocolat praliné pour en faire des pépites puis incorporez-les délicatement à la pâte.

4 Versez la préparation dans 4 mini-mugs et placez-les sur le plateau du micro-ondes. Faites cuire pendant 2 min au micro-ondes (750 W). Vérifiez la cuisson en glissant un couteau le long de la paroi des mini-mugs. Remettez à cuire 20 s s'il reste du liquide sur le dessus ou dans le fond. Laissez reposer pendant 5 min avant de déguster.

Nestlé
dessert
Caramel
Un chocolat 100% pur beurre de cacao, à la fonte parfaite, préparé avec soin à partir de fèves sélectionnées. Avec le Plan Cacao, Nestlé soutient les cultivateurs pour améliorer la qualité de leur cacao.
Cocoa Plan
latableadessert.fr
d'idées recettes faciles et rapides!
dessert

Chocolat Caramel

Gâteau au fromage blanc, fruits et chocolat caramel

20 min de préparation + 4 h de réfrigération | 35 min de cuisson | 8 portions

Votre marché

- 2 tablettes de 170 g de Nestlé Dessert® Caramel
- 3 poires
- 5 œufs
- 300 g de fromage blanc battu à 40 % de matière grasse
- 100 g de sucre en poudre
- 100 g de farine
- 100 g de framboises
- 4 bananes
- 10 cl de crème liquide
- 1 noix de beurre pour le moule

Matériel

- Batteur électrique
- Moule à manqué
- Film alimentaire

1 Préchauffez le four à 200 °C (th. 6-7). Pelez et coupez les poires en gros dés.

2 Séparez les blancs d'œufs des jaunes et montez les blancs en neige bien ferme. Dans un saladier, mélangez les jaunes d'œufs, le fromage blanc, le sucre et la farine. Incorporez les blancs en neige, puis ajoutez les dés de poires et les framboises.

3 Versez la pâte dans un moule à manqué beurré et enfournez pour 35 min de cuisson. Laissez refroidir et démoulez.

4 Tapissez le gâteau de film alimentaire et replacez-le dans le moule. Coupez les bananes en rondelles et répartissez-les sur le dessus.

5 Faites fondre le chocolat café, cassé en morceau, avec la crème au four à micro-ondes à 500 W, pendant 3 min. Recouvrez le gâteau de ganache au chocolat café et placez-le au frais pendant 4 h. Démoulez en vous aidant du film.

Cheesecake agrumes et chocolat caramel

30 min de préparation + 3 h de réfrigération — 40 min de cuisson — 10 portions

Votre marché

- 1 tablette de 170 g de Nestlé Dessert® Caramel
- 1 orange
- 1 citron
- 1 banane
- 12 palets bretons
- 50 g de farine
- 2 cuil. à soupe de sucre en poudre
- 3 œufs
- 400 g de fromage blanc battu à 20% de MG
- 10 cl de crème liquide
- 70 g de beurre

Matériel

- Batteur électrique
- Moule à manqué

1 Tapissez un moule à manqué des palets bretons émiettés mélangés au beurre fondu et placez-le 1 h au réfrigérateur.

2 Préchauffez votre four à 160 °C (th. 5-6). Dans un saladier, mélangez le fromage blanc, la farine, le sucre, les jaunes d'œufs et le zeste des agrumes râpé.

3 Battez les blancs d'œufs en neige et incorporez-les délicatement à la préparation. Versez dans le moule, sur les biscuits et enfournez 40 min.

4 Laissez refroidir. Pendant ce temps, préparez la ganache en faisant chauffer la crème liquide au four à micro-ondes. Versez-la sur le chocolat cassé en morceaux dans un saladier. Mélangez.

5 Disposez sur le gâteau des petits dés de banane et versez la ganache au chocolat. Placez au réfrigérateur 2 h avant de démouler et de servir.

Fondant au chocolat caramel

10 min de préparation — 15 min de cuisson — 10 portions

Votre marché

- 1 tablette de 170 g de Nestlé Dessert® Caramel
- 100 g de beurre + 1 noix pour le moule
- 60 g de sucre en poudre
- 2 œufs
- 70 g de farine + 1 cuil. pour le moule

Matériel

- Moule à manqué

1 Préchauffez le four à 180 °C (th. 6). Faites fondre 130 g de chocolat caramel, cassés en morceaux, et le beurre au four à micro-ondes à 500 W pendant 2 min.

2 Mélangez le chocolat fondu avec le sucre, les œufs et la farine. Hachez le reste du chocolat en grosses pépites et ajoutez-le. Beurrez et farinez le moule à manqué et remplissez-le de pâte. Enfournez pour 15 min de cuisson.

3 À la sortie du four, le gâteau ne paraît pas assez cuit, c'est normal. Laissez-le refroidir avant de le démouler.

Chocolat Caramel

Gâteau rose et mousse au chocolat caramel

20 min de préparation + 3 h de réfrigération | 12 min de cuisson | 10 portions

Votre marché

- 1 tablette de 170 g de Nestlé Dessert® Caramel
- 14 biscuits roses de Reims
- 120 g de farine
- 120 g de sucre en poudre
- 8 œufs
- 10 cl de crème fleurette
- 40 g de beurre

Matériel

- Plaque à pâtisserie ♦ Moule à gratin
- Film alimentaire ♦ Poche à douille
- Batteur électrique

1 Préchauffez votre four à 180 °C (th. 6).

2 Dans un saladier, battez 4 œufs et le sucre jusqu'à ce que le mélange double de volume. Ajoutez la farine et 2 biscuits roses cassés en morceaux. Mélangez et versez sur une plaque de cuisson beurrée et farinée. Enfournez 12 min.

3 Faites fondre le chocolat avec le beurre puis versez-le sur les 4 jaunes d'œufs restants. Mélangez et ajoutez 4 blancs d'œufs battus en neige.

4 Coupez la génoise en deux morceaux de la même taille que votre moule à gratin. Placez un morceau de génoise au fond de votre moule recouvert de film alimentaire et versez la mousse. Puis placez le gâteau au réfrigérateur pendant 2 h.

5 Dans un saladier, mixez 10 biscuits roses et incorporez la crème battue en chantilly. Sortez le gâteau et disposez le deuxième morceau de génoise.Versez la mousse aux biscuits roses (à l'aide d'une poche à douille) et placez au réfrigérateur encore 1 h. Recouvrez des 2 biscuits roses restants émiettés avant de servir.

Moelleux pommes, chocolat caramel

Préparation : 30 min
Repos : 30 min
Réfrigération : 1 h

Cuisson : 20 min

Pour 4 mœlleux

Votre marché

Pour les gâteaux

- 90 g de Nestlé Dessert® Caramel
- 90 g de compote de pommes
- 1 petite pomme
- 2 œufs
- 40 g de sucre roux
- 30 g de beurre mou + pour les cercles
- 40 g de poudre d'amandes
- 15 g de fécule de maïs + pour les cercles
- 1 pincée de sel

Pour le nappage

- 60 g de Nestlé Dessert® Caramel
- 30 g de crème épaisse
- 1 cuil. à soupe de sirop (d'agave, d'érable ou d'orgeat)
- 10 g de beurre

Matériel

- Râpe
- Batteur électrique
- Papier sulfurisé
- 4 cercles à pâtisserie

1 Préparez les gâteaux. Faites fondre le chocolat avec la compote, au four à micro-ondes ou au bain-marie. Épluchez la pomme, évidez-la et râpez-la. Ajoutez la pomme râpée dans le chocolat fondu.

2 Séparez les blancs des jaunes d'œufs. Montez les blancs en neige, en ajoutant 10 g de sucre à la fin. Battez les jaunes avec 30 g de sucre jusqu'à obtenir un mélange pâteux et épais. Ajoutez ensuite, l'un après l'autre, le chocolat fondu, le beurre en morceaux, la poudre d'amandes, la fécule de maïs, le sel et les blancs montés en neige. Placez au frais 1 h.

3 Préchauffez le four à 180 °C (th. 6). Beurrez les cercles et saupoudrez-les de fécule de maïs. Déposez-les sur une toile de cuisson ou une feuille de papier sulfurisé posée sur une plaque de four. Versez les pâtes dans les cercles et faites cuire au four pendant environ 20 min. Attention en sortant les cercles du four ; ils sont chauds et le restent encore une dizaine de minutes hors du four. Laissez refroidir avant de démouler.

4 Préparez le nappage. Faites fondre le chocolat avec la crème. Ajoutez le sirop de votre choix puis le beurre. Mélangez bien et décorez-en les gâteaux. Dégustez les moelleux tièdes ou réservez-les au froid. Dans ce dernier cas, faites-les tiédir légèrement avant de les servir.

Chocolat Caramel

Gâteaux pommes-cannelle-coco, cœur fondant au chocolat caramel

Préparation : 30 min
Congélation : 2h
Cuisson : 15-20 min
Pour 4 mini-cakes

Votre marché

Pour les cœurs
- 60 g de Nestlé Dessert® Caramel
- 30 g de crème fraîche épaisse

Pour les gâteaux
- 1 petite pomme (à compote)
- 35 g de farine + pour les cercles
- 1 pincée de levure chimique
- 70 g de beurre + pour les cercles
- 3 gros œufs
- 80 g de sucre blond
- 30 g de noix de coco râpée
- 1/2 cuil. à café de cannelle

Pour le décor
- 30 g Nestlé Dessert® Caramel
- 2 cuil. à soupe de noix de coco râpée

Matériel
- Moules à glaçons
- Batteur électrique
- Papier sulfurisé
- 4 cercles à pâtisserie

1 Faites fondre le chocolat avec la crème au bain-marie ou au four à micro-ondes. Versez-le dans 4 gros moules à glaçons et réservez au congélateur pendant 2h.

2 Épluchez la pomme, évidez-la, puis découpez-la en petits cubes. Mélangez-les avec 1 cuil. à soupe de farine. Faites fondre le beurre.

3 Battez les œufs avec le sucre jusqu'à obtenir un mélange épais. Ajoutez le beurre fondu, puis la noix de coco, la cannelle, le reste de la farine avec la levure et les cubes de pomme. Placez au frais 1h.

4 Préchauffez le four à 180 °C (th. 6). Beurrez les cercles et saupoudrez-les de farine. Déposez un carré de papier cuisson sous chaque cercle et maintenez-le avec du papier d'aluminium. Placez une feuille de papier sulfurisé posée sur une plaque de four. Répartissez la moitié de la pâte dans les 4 cercles. Glissez un glaçon dans chaque et recouvrez du reste de pâte. Enfournez 20 min. Attention en sortant les cercles du four ; ils sont chauds et le restent encore une dizaine de minutes hors du four. Servez tiède ou froid. Démoulez et laissez refroidir sur grille.

5 Saupoudrez de copeaux de chocolat, réalisés avec un économe, et de noix de coco. Dégustez tiède ou à température ambiante.

Macarons à la ganache chocolat caramel

10 min de préparation + 1 h de réfrigération | 10 min de cuisson | 10 portions

Votre marché

- 1 tablette de 170 g de Nestlé Dessert® Caramel
- 10 cl de crème liquide
- 3 blancs d'œufs
- 120 g de sucre glace
- 125 g de poudre d'amandes

Matériel

- Batteur électrique ♦ Plaque de four
- Passoire fine ♦ Papier sulfurisé
- Poche à douille

1 Faites chauffer la crème au four à micro-ondes 1 min et versez-la sur le chocolat caramel cassé en morceaux. Attendez 5 min et mélangez. Laissez reposer au frais pendant 1 h.

2 Préchauffez le four à 180 °C (th. 6). Montez les blancs d'œufs en neige : quand ils commencent à blanchir, ajoutez le sucre glace et continuez de battre. Ajoutez la poudre d'amandes tamisée et incorporez-la délicatement.

3 À l'aide d'une poche à douille, formez des petites coques assez fines sur la plaque du four recouverte de papier sulfurisé. Enfournez pour 10 min de cuisson. Laissez-les ensuite refroidir sur une grille.

4 Déposez une grosse noix de ganache au chocolat caramel sur une coque et recouvrez d'une autre coque. Laissez les macarons au frais jusqu'au moment de servir.

Île flottante au chocolat caramel

10 min de préparation + 1 h de réfrigération
7 min de cuisson
4 portions

Votre marché

- 1 tablette de 170 g de Nestlé Dessert® Caramel
- 50 cl de lait demi-écrémé
- 2 œufs
- 1 cuil. à café bombée de farine
- Caramel liquide

Matériel

- Batteur électrique ♦ 4 bols

1 Dans une casserole, faites chauffer, sur feu doux, le chocolat cassé en morceaux avec le lait. Mélangez régulièrement. Séparez les jaunes d'œufs des blancs.

2 Dans un saladier, mélangez les jaunes d'œufs et la farine. Incorporez, petit à petit, le lait chocolaté. Versez le tout dans la casserole et laissez chauffer 5 min en remuant continuellement et sans porter à ébullition. Placez au réfrigérateur pendant 1 h.

3 Montez les blancs d'œufs en neige bien ferme. Faites des quenelles de blancs d'œufs à l'aide de 2 cuillères à soupe et déposez-les sur un plat. Faites-les cuire au four à micro-ondes à 900 W, pendant 30 s.

4 Versez la crème dans 4 bols, puis répartissez les quenelles et nappez-les d'un filet de caramel.

Œufs feuilletés à la crème chocolat caramel et framboises fraîches

30 min de préparation + 1 h de réfrigération — 20 min de cuisson — 6 portions

Votre marché

- 1 tablette de 170 g de Nestlé Dessert® Caramel
- 40 cl de lait
- 3 cuil. à soupe de farine
- 60 g de sucre en poudre
- 5 jaunes d'œufs
- 1 pâte feuilletée prête à dérouler Herta®
- 250 g de framboises

Matériel

- Plaque à pâtisserie ♦ Papier sulfurisé
- Pinceau de cuisine

1 Faites bouillir le lait avec le chocolat caramel cassé en morceaux. Mélangez la farine, le sucre et 4 jaunes d'œufs. Versez le lait bouillant dessus, petit à petit. Versez à nouveau la préparation dans la casserole et laissez épaissir, sur feu doux, pendant 2 min. Laissez tiédir hors du feu, puis placez le tout au réfrigérateur 1 h.

2 Préchauffez le four à 200 °C (th. 6-7). Découpez 6 formes ovales, représentant chacune un œuf, dans la pâte feuilletée. Posez-les sur la plaque recouverte de papier sulfurisé. Battez le dernier jaune d'œuf et badigeonnez-en chaque œuf en pâte feuilletée.

3 Découpez des bandelettes et des ronds dans les chutes de pâte et utilisez-les pour décorer vos œufs. Badigeonnez à nouveau de jaune d'œuf. Enfournez pour 12 min de cuisson : le feuilletage doit bien lever.

4 Laissez bien les œufs refroidir et ouvrez-les en deux avec un couteau. Garnissez chaque œuf avec la crème pâtissière et les framboises, puis refermez avec la deuxième partie du feuilleté.

Chocolat Caramel

Terrine orange, passion et caramel

40 min de préparation + 2 h de réfrigération — 15 min de cuisson — 10 portions

Votre marché

- 1 tablette de 170 g de Nestlé Dessert® Caramel
- 1 tablette de 180 g de Nestlé Dessert® Blanc
- 5 oranges
- 3 fruits de la Passion
- 120 g de farine
- 120 g de sucre en poudre
- 4 œufs
- 300 g de fromage blanc à 20% de MG
- 10 cl de crème liquide
- 4 feuilles de gélatine
- 1 pincée de sel

Matériel

- Batteur électrique ♦ Moule à cake
- Plaque à pâtisserie ♦ Papier sulfurisé

1 Préchauffez le four à 180 °C (th. 6). Dans un saladier, battez les œufs et le sucre. Ajoutez la farine tamisée et le sel, puis remuez délicatement. Versez la préparation sur une plaque de cuisson recouverte de papier sulfurisé et enfournez 15 min.

2 Démoulez le biscuit et découpez 3 larges bandes de la taille d'un grand moule à cake. Réservez.

3 Dans une casserole à feu doux, faites fondre la gélatine ramollie avec le jus de 2 oranges. Ajoutez le chocolat blanc fondu, le fromage blanc et les graines des fruits de la Passion.

4 Tapissez un moule à cake de papier sulfurisé, ajoutez un biscuit, les quartiers des 3 oranges restantes pelées à vif puis la préparation au chocolat blanc. Recouvrez d'une bande de biscuit et placez au réfrigérateur 1 h.

5 Sortez la terrine du réfrigérateur, puis versez le chocolat caramel cassé fondu et mélangé à la crème chaude. Disposez le dernier biscuit et placez à nouveau au réfrigérateur pendant 1 h. Démoulez et décorez de copeaux de chocolat avant de servir.

Succès pistaches au caramel beurre salé

30 min de préparation + 3 h de réfrigération — 50 min de cuisson — 8 portions

Votre marché

- 1 tablette de 170 g de Nestlé Dessert® Caramel
- 10 g de cacao en poudre
- 30 g de pistaches
- 60 g de poudre d'amandes
- 150 g de sucre glace + 10 g pour le saupoudrage
- 3 blancs d'œufs + 4 œufs entiers
- 40 g de beurre salé

Matériel

- Batteur électrique
- Plaques à pâtisserie
- Moule à manqué
- Papier sulfurisé
- Film alimentaire

1 Réalisez la meringue en montant dans un saladier 3 blancs d'œufs en neige. Ajoutez le sucre glace tamisé, la poudre d'amandes, puis les pistaches finement concassées.

2 Préchauffez votre four à 150 °C (th. 5). Sur deux grandes feuilles de papier sulfurisé, tracez 2 ronds de la taille de votre moule à manqué. Retournez les feuilles et remplissez les cercles de meringue. Saupoudrez les meringues de sucre glace et enfournez-les l'une au-dessus de l'autre sur 2 plaques de cuisson 50 min. Sortez les meringues et laissez-les refroidir.

3 Dans un saladier, réalisez la mousse au chocolat caramel en mélangeant le chocolat fondu avec le beurre salé. Ajoutez les 4 jaunes d'œufs, puis incorporez délicatement les 4 blancs d'œufs battus en neige ferme.

4 Déposez au fond du moule à manqué recouvert de film alimentaire une meringue. Ajoutez la mousse au chocolat et surmontez l'ensemble de la deuxième meringue. Placez au réfrigérateur pendant 3 h, puis saupoudrez de cacao avant de servir.

Chocolat Caramel

Gâteau d'anniversaire

40 min de préparation 25 min de cuisson 8 portions

Votre marché

- 1 tablette de 200 g de Nestlé Dessert® Noir
- 80 g de Nestlé Dessert® Blanc
- 100 g de Nestlé Dessert® Caramel
- 120 g de farine
- 120 g de sucre en poudre
- 1 cuil. à café de sucre glace
- 50 g de crêpes dentelles
- 8 œufs
- 10 g de beurre
- 1 pincée de sel
- 3 fraises bonbons / Vermicelles colorés...

1 Préchauffez le four à 180 °C (th. 6). Dans un saladier, mélangez 150 g de chocolat noir fondu, 4 jaunes d'œufs et 4 blancs d'œufs battus en neige. Placez au réfrigérateur 1 h. Pendant ce temps, mélangez, dans un autre saladier, 50 g de chocolat noir fondu et les crêpes dentelles émiettées. Versez la préparation sur une feuille de papier sulfurisé et placez au réfrigérateur 30 min.

2 Battez les 4 œufs restants et le sucre en poudre jusqu'à ce que le mélange soit bien mousseux. Puis ajoutez la farine tamisée, le sel et remuez délicatement. Coulez la pâte dans un moule à biscuit roulé et enfournez 15 min.

3 Démoulez le biscuit et coupez-le en deux. Déposez un biscuit dans un plat rectangulaire recouvert de film alimentaire puis versez la mousse et parsemez de croustillant au chocolat avant de placer le second biscuit.

4 Dans un saladier, mélangez le chocolat caramel fondu et le beurre. Incorporez petit à petit le sucre glace. Versez la préparation sur le gâteau et placez 1 h au réfrigérateur.

5 Versez le chocolat blanc fondu dans une poche à douille et réalisez 8 figures sur une feuille de papier sulfurisé. Ajoutez sur une moitié des morceaux de fraises et sur l'autre des vermicelles. Placez 30 min au réfrigérateur et disposez les figures sur le gâteau avant de servir.

Chocolat Caramel

Pommes au four, spéculoos et glace chocolat caramel

20 min de préparation + 2 h de congélation — 35 min de cuisson — 4 portions

Votre marché

- 1 tablette de 170 g de Nestlé Dessert® Caramel
- 10 cl de crème liquide
- 5 cl de lait demi-écrémé
- 4 pommes
- 4 spéculoos

Matériel

- 2 plats à gratin

1 Faites fondre le chocolat caramel, cassé en morceaux, avec la crème et le lait dans une petite casserole, sur feu doux. Mélangez bien. Versez le tout dans un plat à gratin et placez-le au congélateur pendant 2 h.

2 Préchauffez le four à 200 °C (th. 6-7). Pendant ce temps, lavez les pommes, coupez-les en deux et videz-les. Placez-les dans un autre plat à gratin et enfournez pour 30 min de cuisson. Au bout de 20 min, parsemez les demi-pommes de spéculoos émiettés.

3 Servez les pommes tièdes avec une boule de glace au chocolat caramel.

Mousseux de poires et croustillants au chocolat caramel

30 min de préparation + 3 h 30 de réfrigération
5 min de cuisson
6 portions

Votre marché

- 100 g de Nestlé Dessert® Caramel
- 100 g de Nestlé Dessert® Noir
- 3 poires
- 3 feuilles de gélatine
- 300 g de fromage blanc à 40 % de matière grasse
- 1 cuil. à soupe de sucre en poudre
- 2 blancs d'œufs
- 16 crêpes dentelles
- 5 cl de crème liquide

Matériel

- Mixeur
- 6 ramequins
- Film alimentaire
- Papier sulfurisé

1 Pelez et mixez les poires en coulis. Faites ramollir la gélatine dans un bol d'eau froide, puis essorez-la. Faites-la fondre dans une casserole, sur feu doux, avec la moitié du coulis de poires. Hors du feu, ajoutez le reste du coulis, le fromage blanc et le sucre. Montez les blancs d'œufs en neige et incorporez-les.

2 Versez la préparation dans 6 ramequins tapissés de film alimentaire et placez-les au réfrigérateur au moins 3 h. Au bout de 2 h, faites fondre le chocolat noir, cassé en morceaux, au bain-marie. Émiettez les crêpes dentelles et mélangez-les au chocolat fondu. Disposez la préparation en 6 petits tas sur une feuille de papier sulfurisé et placez-les au réfrigérateur pendant 1 h pour obtenir les croustillants.

3 Faites fondre le chocolat caramel avec la crème au four à micro-ondes à 500 W, pendant 2 min. Laissez refroidir la ganache.

4 Démoulez les mousseux de poires sur une assiette, versez la ganache par dessus et décorez de croustillants au chocolat. Placez de nouveau les mousseux au réfrigérateur 30 min.

Pommes d'amour au chocolat caramel

10 min de préparation + 30 min de réfrigération | 5 min de cuisson | 6 portions

Votre marché

- 1 tablette de 170 g de Nestlé Dessert® Caramel
- 6 petites pommes
- 20 g de poudre de noisettes
- 20 g de vermicelles au chocolat

Matériel

- Pinceau de cuisine
- 6 bâtonnets en bois

1 Cassez le chocolat caramel en morceaux et faites-le fondre au bain-marie.

2 Ôtez les deux extrémités des pommes. Piquez un côté avec un bâtonnet en bois. À l'aide d'un pinceau, recouvrez les pommes de chocolat fondu.

3 Sur une assiette plate, faites 3 petits tas de poudre de noisettes et 3 autres de vermicelles. Déposez les pommes sur chacun des tas et saupoudrez-les avec la poudre de noisette ou les vermicelles. Laissez-les refroidir pendant 30 min au réfrigérateur.

Mousse chocolat caramel à la nougatine de noix de pécan

15 min de préparation + 4 h de réfrigération — 5 min de cuisson — 5 portions

Votre marché

- 1 tablette de 170 g de Nestlé Dessert® Caramel
- 4 œufs
- 40 g de noix de pécan
- 40 g de sucre

Matériel

- Batteur électrique
- Papier sulfurisé
- 5 ramequins

1 Faites fondre le chocolat au bain-marie. Dans un saladier, mélangez les jaunes d'œufs avec le chocolat fondu. Battez les blancs en neige et incorporez-les délicatement à la préparation. Versez cette mousse dans 5 ramequins et placez 4 h au réfrigérateur.

2 Dans une poêle à feu doux, faites fondre le sucre jusqu'à ce qu'il caramélise. Ajoutez les noix de pécan concassées et étalez le mélange sur une feuille de papier sulfurisé. Une fois refroidi, concassez la nougatine puis ajoutez-la sur la mousse au moment de servir.

Conseil : Pour une présentation élégante et fruitée, servez une quenelle de mousse chocolat caramel sur des poires émincées et placées en rosace dans une assiette.

Variante : Pour une version plus légère, remplacez les noix de pécan par quelques crêpes dentelles émiettées.

Chocolat Caramel

Mini-mug cakes au chocolat caramel et beurre salé

5 min de préparation + 2 min de repos — 2 min 30 de cuisson — 4 mini-mugs

Votre marché

- 50 g de chocolat NESTLÉ DESSERT® Caramel (10 carrés)
- 40 g de beurre demi-sel
- 1 cuil. à soupe de sucre
- 1 œuf
- 2 cuil. à soupe de lait
- 2 cuil. à soupe de farine
- 1 pincée de levure chimique

1 Dans un bol, cassez le chocolat caramel en petits morceaux. Ajoutez le beurre et faites fondre le tout pendant 1 min au micro-ondes (750 W). Mélangez à l'aide d'une fourchette pour faire fondre les éventuels morceaux de chocolat restants. Ajoutez le sucre et mélangez.

2 Cassez l'œuf dans le bol puis versez le lait. Mélangez vigoureusement. Ajoutez la farine et la levure chimique, mélangez de nouveau jusqu'à obtenir une pâte bien lisse.

3 Versez la préparation dans 4 mini-mugs et placez-les sur le plateau du micro-ondes. Faites cuire pendant 1 min 30 (750 W). Vérifiez la cuisson en glissant un couteau le long de la paroi des mini-mugs. Remettez à cuire 20 s s'il reste du liquide sur le dessus ou dans le fond. Laissez reposer pendant 2 min avant de déguster.

Mini-flans chocolat caramel au mug

5 min de préparation
+ 1 h de repos

5 min de cuisson

4 mini-mugs

Votre marché

- 40 g de chocolat NESTLÉ DESSERT® Caramel (8 carrés)
- 200 ml de lait entier
- 2 cuil. à soupe de Maïzena®
- 1 œuf
- 2 cuil. à soupe de sucre

1 Dans un bol, cassez le chocolat caramel en petits morceaux. Ajoutez le lait et faites fondre le tout pendant 2 min 30 au micro-ondes (750 W). Mélangez à l'aide d'une fourchette pour faire fondre les éventuels morceaux de chocolat restants.

2 Dans un autre bol, délayez la Maïzena® avec un peu de lait au chocolat caramel. Ajoutez l'œuf, le sucre et mélangez à l'aide d'une fourchette.

3 Versez le reste du lait au chocolat caramel et mélangez de nouveau.

4 Versez la préparation dans 4 mini-mugs et placez-les sur le plateau du micro-ondes. Faites cuire pendant 2 min 30 (750 W). Vérifiez la cuisson en glissant un couteau le long de la paroi des mini-mugs. Remettez à cuire 20 s s'il reste du liquide sur le dessus ou dans le fond. Laissez reposer 1 h avant de déguster.

Nestlé
dessert
Café
Un chocolat 100% pur beurre de cacao, alliance unique de la douceur du chocolat blanc aux notes aromatiques du café.
Avec le Plan Cacao, Nestlé soutient les cultivateurs pour améliorer la qualité de leur cacao.
PUR BEURRE DE CACAO · EXTRAIT DE CAFÉ
Cocoa Plan
www.latableadessert.fr
Des centaines d'idées recettes faciles et rapides!

Chocolat Café

Crème au chocolat café

15 min de préparation + 30 min de réfrigération — 20 min de cuisson — 10 portions

Votre marché

- 1 tablette de 180 g de Nestlé Dessert® Café
- 5 cl de lait
- 15 cl de crème liquide
- 2 jaunes d'œufs

Matériel

- 10 ramequins

1 Préchauffez le four à 160 °C (th. 5-6). Cassez le chocolat café en morceaux dans un saladier. Faites chauffer le lait et la crème dans une casserole, à feu doux.

2 Versez le mélange lait et crème sur les carrés de chocolat. Mélangez bien, puis incorporez les jaunes d'œufs. Remplissez les ramequins de cette préparation et enfournez pour 18 min de cuisson.

3 Laissez les crèmes refroidir à température ambiante avant de les placer au réfrigérateur pendant 30 min.

Granité au chocolat café, cannelle et compotée d'abricots

15 min de préparation + 3 h de congélation · 13 min de cuisson · 6 portions

Votre marché

- 1 tablette de 180 g de Nestlé Dessert® Café
- cuil. à café rase de cannelle
- 30 g de sucre en poudre
- 300 g d'abricots

Matériel

- Grand plat à gratin
- 6 verrines (facultatif)

1 Dans une casserole, portez 40 cl d'eau à ébullition. Pendant ce temps, cassez le chocolat café en morceaux. Quand l'eau bout, ajoutez les carrés de chocolat avec la cannelle et le sucre. Mélangez bien avec une cuillère en bois.

2 Versez la préparation dans le plat à gratin et laissez-la refroidir 10 min à température ambiante. Mettez le plat au congélateur et laissez prendre pendant 3 h.

3 Grattez la préparation toutes les heures avec une fourchette pour décoller les paillettes qui se forment sur le bord du moule. Elle doit prendre et ressembler à de la glace pilée dont les paillettes se détachent bien.

4 Pendant ce temps, coupez les abricots en petits dés et faites-les compoter 8 min dans une poêle, sans ajouter de sucre. Laissez-les bien refroidir.

5 Servez la compotée d'abricots dans des verrines, accompagnée de deux boules de granité.

Variante : Vous pouvez aussi préparer la compotée avec des pêches.

Riz au lait aux framboises et chocolat café

10 min de préparation + 30 min de réfrigération
25 min de cuisson
4 portions

Votre marché

- 1 tablette de 180 g de Nestlé Dessert® Café
- 120 g de riz rond
- 60 cl de lait
- 300 g de framboises
- 50 g de noix de pécan
- 50 g de sucre en poudre

Matériel

- 4 verrines
- Papier sulfurisé

1 Dans une casserole, faites cuire le riz dans le lait pendant 20 min. Cassez le chocolat café en morceaux et, hors du feu, ajoutez-le au riz. Mélangez une fois que tout le chocolat a fondu. Laissez la préparation tiédir.

2 Déposez les framboises dans les verrines, puis ajoutez le riz au lait au chocolat. Placez-les au réfrigérateur pendant 30 min.

3 Pendant ce temps, concassez les noix de pécan.
Faites fondre le sucre dans une casserole, sans le remuer, jusqu'à ce qu'il devienne du caramel. Ajoutez-y alors les noix de pécan concassées. Versez immédiatement le tout sur une feuille de papier sulfurisé et laissez refroidir. Concassez cette nougatine et décorez-en les verrines juste avant de les déguster.

Variante : Si vous le souhaitez, remplacez les framboises par des abricots !

Truffes au chocolat café

15 min de préparation
+ 30 min de réfrigération
4 min de cuisson
10 portions

Votre marché

- 1 tablette de 180 g de Nestlé Dessert® Café
- 30 g de beurre
- 5 cl de crème liquide
- Un peu de Nestlé Dessert® 100 % Cacao

1 Cassez le chocolat café en morceaux et coupez le beurre en petits morceaux. Faites fondre le chocolat avec la crème 1 min 30 à 500 W. Ajoutez le beurre.

2 Versez du cacao dans une assiette creuse. Modelez le chocolat pour former des truffes et roulez-les dans le cacao.

Chocolat Café

Macarons au chocolat noir et ganache chocolat café

20 min de préparation + 1 h 20 de réfrigération | 14 min de cuisson | 10 portions

Votre marché

- 1 tablette de 180 g de Nestlé Dessert® Café
- 1 tablette de 200 g de Nestlé Dessert® Noir
- 6 cuil. à soupe de crème liquide
- 250 g de sucre glace ♦ 3 blancs d'œufs
- 125 g de poudre d'amandes ♦ 1 pincée de sel

Matériel

- Passoire fine ♦ Batteur électrique
- Poche à douille ♦ Plaque à pâtisserie
- Papier sulfurisé

1 Faites fondre le chocolat café, cassé en morceaux, avec la crème au four à micro-ondes à 500 W pendant 2 min. Mélangez bien et placez au réfrigérateur pendant 1 h.

2 Préchauffez le four à 180 °C (th. 6). Cassez le chocolat noir en morceaux et faites-le fondre au bain-marie. Dans un saladier, mélangez 200 g de sucre glace avec la poudre d'amandes tamisée. Ajoutez le chocolat noir fondu et mélangez bien.

3 Battez les blancs d'œufs en neige avec le sel, puis ajoutez le sucre restant sans cesser de fouetter jusqu'à ce qu'ils deviennent lisses et brillants. Incorporez-les délicatement au mélange précédent.

4 À l'aide d'une poche à douille, ou à défaut, de 2 cuillères, déposez des petits tas de pâte sur la plaque du four recouverte de papier sulfurisé. Laissez reposer 10 min avant d'enfourner pour 12 min. Laissez-les ensuite refroidir sur une grille.

5 Déposez une grosse noix de ganache au chocolat café sur une coque et recouvrez d'une autre coque. Laissez les macarons au réfrigérateur jusqu'au moment de servir.

Pain perdu aux poires et chocolat café

15 min de préparation — 18 min de cuisson — 6 portions

Votre marché

- 1 tablette de 180 g de Nestlé Dessert® Café
- 3 poires
- 10 cl de lait
- 1 œuf
- 6 tranches de pain de mie
- 6 boules de glace vanille

1 Épluchez les poires et coupez-les en lamelles. Faites-les revenir à la poêle pendant 6 min.

2 Dans une casserole, faites fondre, sur feu doux, le chocolat café, cassé en morceaux, avec le lait. Hors du feu, ajoutez l'œuf battu à la fourchette.

3 Trempez chaque tranche de pain dans le mélange et faites-les poêler 2 min de chaque côté. Coupez-les en diagonale.

4 Dans chaque assiette, disposez 2 tranches de pain perdu, des lamelles de poire et une boule de glace vanille. Servez aussitôt.

Conseil : Saupoudrez de pistaches grillées concassées.

Brick à l'orange et chocolat café

10 min de préparation · 12 min de cuisson · 6 portions

Votre marché

- 1 tablette de 180 g de Nestlé Dessert® Café
- 3 oranges
- 50 g d'amandes émondées
- 6 feuilles de brick
- Miel liquide

Matériel

- Plaque à pâtisserie
- Papier sulfurisé
- Pinceau de cuisine

1 Préchauffez le four à 220 °C (th. 7). Pelez les oranges à vif et retirez les segments. Hachez le chocolat café en pépites. Hachez grossièrement les amandes. Mélangez le tout dans un saladier.

2 Au centre de chaque feuille de brick, répartissez une portion du mélange fruits-chocolat. Repliez les bords de la feuille vers l'intérieur pour former un carré.

3 Recouvrez la plaque du four de papier sulfurisé. Déposez les 6 carrés dessus et badigeonnez-les légèrement de miel. Enfournez pour 12 min de cuisson.

Bouchées croquantes au chocolat, mousse chocolat café et noix

20 min de préparation + 1 h 30 de réfrigération | 5 min de cuisson | 6 portions

Votre marché

- 1 tablette de 180 g de Nestlé Dessert® Café
- 150 g de Nestlé Dessert® Noir
- 10 cl de crème fleurette bien froide
- 30 g de sucre en poudre
- 10 cerneaux de noix

Matériel

- Pinceau de cuisine ♦ Batteur électrique
- Moules à muffins en silicone ♦ Papier sulfurisé

1 Faites fondre le chocolat noir, cassé en morceaux, au bain-marie. À l'aide d'un pinceau, tapissez de chocolat l'intérieur des moules à muffins. Placez les moules au réfrigérateur pendant 10 min. Une fois que le chocolat a durci, déposez une deuxième couche de chocolat, et recommencez une troisième fois, en replaçant au réfrigérateur entre chaque couche.

2 Battez la crème en chantilly. Faites fondre le chocolat café, cassé en morceaux, au four à micro-ondes à 500 W pendant 2 min. Incorporez délicatement la chantilly au chocolat encore chaud. Démoulez les caissettes en chocolat et remplissez-les de mousse. Faites prendre au réfrigérateur pendant 1 h.

3 Faites chauffer le sucre dans une poêle, sans eau. Lorsqu'il est fondu et coloré, ajoutez les noix et versez immédiatement sur une feuille de papier sulfurisé. Recouvrez d'une autre feuille de papier sulfurisé et concassez les noix caramélisées. Répartissez-les sur les caissettes au moment de servir.

Millefeuilles de crêpes pommes-bananes au chocolat café

25 min de préparation + 30 min de repos | 10 min de cuisson | 4 portions

Votre marché

- 1 tablette de 180 g de Nestlé Dessert® Café
- 2 bananes
- 2 pommes
- 150 g de farine
- 2 gousses de vanille
- 2 œufs
- 15 cl de lait
- 5 cl de crème liquide
- 1 cuil. à café d'huile de cuisson

1 Dans un saladier, préparez la pâte à crêpes en mélangeant les œufs, la farine et le lait. Laissez reposer 30 min, puis faites cuire 12 petites crêpes dans une poêle à blinis légèrement huilée.

2 Grattez les gousses de vanille sur les bananes et les pommes épluchées et coupées en petits dés. Faites-les compoter 5 min dans une grande poêle à feu doux.

3 Montez les millefeuilles en disposant sur chaque assiette une crêpe, une couche de fruits, puis une autre crêpe et à nouveau les fruits compotés. Terminez par une troisième crêpe. Réservez.

4 Dans une casserole, faites fondre le chocolat cassé en morceaux avec la crème. Ajoutez 2 cuil. à soupe d'eau et arrosez les millefeuilles de crêpes de sauce au chocolat chaude avant de servir.

Île flottante chocolat café et poires

10 min de préparation · 15 min de cuisson · 4 portions

Votre marché

- 1 tablette de 180 g de Nestlé Dessert® Café
- 2 poires
- 1 cuil. à soupe de sucre en poudre
- 3 œufs
- 60 cl de lait
- 2 cuil. à café de cardamome
- 20 g de fécule de maïs

Matériel

- Plat à gratin
- 4 ramequins
- Batteur électrique

1 Dans une casserole à feu doux, préparez la crème anglaise en mélangeant le lait et le chocolat cassé en morceaux. Dans un saladier, mélangez les jaunes d'œufs et la fécule. Arrosez ce mélange du chocolat fondu et replacez aussitôt l'ensemble dans la casserole. Laissez épaissir à feu doux en remuant et retirez du feu juste avant ébullition. Versez dans un saladier.

2 Dans une poêle, faites revenir les poires épluchées et coupées en petits dés avec 1 cuil. à café de cardamome et le sucre en poudre.

3 Dans un saladier, battez les blancs d'œufs en neige avec le reste de cardamome. Versez-les dans un plat à gratin et faites cuire au four à micro-ondes 30 s à 900 W.

4 Répartissez la crème anglaise dans 4 ramequins individuels, disposez un cube de blanc d'œuf en neige et parsemez de dés de poire avant de servir.

Tartelettes sablées façon tiramisu

25 min de préparation + 1 h de réfrigération — 15 min de cuisson — 8 portions

Votre marché

- 1 tablette de 180 g de Nestlé Dessert® Café
- 1 tablette de 200 g de Nestlé Dessert® Noir
- 300 g de farine
- 100 g de mascarpone
- 1 cuil. à soupe de sucre en poudre
- 50 g de sucre glace
- 2 cuil. à soupe de cacao en poudre
- 1 blanc d'œuf + 2 œufs entiers
- 10 cl de crème liquide
- 100 g de beurre
- 1 pincée de sel

Matériel

- 8 moules à tartelette
- Papier sulfurisé ♦ Batteur électrique

1 Préchauffez votre four à 160 °C (th. 5).

2 Dans un saladier, réalisez la pâte à tarte au chocolat en mélangeant le chocolat noir fondu, le sucre glace, 1 œuf entier, 1 jaune d'œuf, la farine, le beurre ramolli et le sel. Malaxez afin d'obtenir une boule de pâte homogène et élastique. Placez-la 30 min au réfrigérateur. Étalez-la ensuite dans 8 moules à tartelette recouverts de papier sulfurisé. Enfournez 12 min, puis laissez les tartelettes refroidir hors du four et démoulez-les.

3 Dans un saladier, faites fondre le chocolat café avec la crème. Mélangez et laissez refroidir 30 min au réfrigérateur. Puis répartissez la préparation dans les tartelettes.

4 Mélangez le mascarpone, le sucre en poudre et les 2 blancs d'œufs restants battus en neige. Disposez un chou de crème au mascarpone sur chaque tartelette. Puis placez à nouveau au réfrigérateur 30 min. Saupoudrez de cacao en poudre avant de servir.

Tartelettes aux oranges, chocolat café et cannelle

15 min de préparation + 1 h de réfrigération | 12 min de cuisson | 5 portions

Votre marché

- 1 tablette de 180 g de Nestlé Dessert® Café
- 1 pâte brisée prête à dérouler Herta®
- 10 cl de crème liquide
- ½ cuil. à café de cannelle
- 4 oranges

Matériel

- 5 moules à tartelette

1 Préchauffez le four à 220 °C (th. 7). Répartissez la pâte brisée, avec son papier de cuisson, dans les 5 moules à tartelette et faites-la cuire à blanc jusqu'à ce qu'elle soit dorée.

2 Faites chauffer la crème au four à micro-ondes 1 min et versez-la sur le chocolat cassé en morceaux. Ajoutez la cannelle et mélangez. Versez la préparation dans les tartelettes. Laissez au frais pendant 1 h.

3 Pelez les oranges à vif à l'aide d'un bon couteau, retirez les segments, puis disposez les quartiers sur les tartelettes.

Amandier à l'abricot et glace chocolat café

15 min de préparation + 2 h de congélation — 15 min de cuisson — 6 portions

Votre marché

- 1 tablette de 180 g de Nestlé Dessert® Café
- 4 abricots
- 40 g de poudre d'amandes
- 20 g de farine
- 30 g de sucre en poudre
- 3 œufs
- 10 cl de crème liquide
- 10 cl de lait
- 3 g de levure chimique
- 50 g de beurre

Matériel

- Moules à muffin
- Batteur électrique

1 Mettez de côté 6 carrés de chocolat café. Puis, dans une casserole, faite fondre le reste du chocolat avec la crème et le lait. Versez la préparation dans un saladier et placez-le au congélateur au moins 2 h afin que la glace prenne.

2 Pendant ce temps, préchauffez votre four à 200 °C (th. 6-7). Dans un saladier, mélangez le beurre fondu, les jaunes d'œufs, la poudre d'amandes, le sucre, la farine et la levure. Incorporez délicatement les blancs d'œufs battus en neige.

3 Répartissez la préparation dans 6 moules à muffin et posez un carré de chocolat en l'enfonçant légèrement. Enfournez 12 min. Démoulez. Ouvrez les gâteaux en deux dans le sens de la largeur.

4 Disposez au milieu de chaque muffin des lamelles d'abricots lavés. Puis surmontez d'une boule de glace au chocolat café et reposez le chapeau des gâteaux avant de servir.

Verrines aux fraises, chocolat café et fromage blanc

15 min de préparation
+ 1 h de réfrigération

5 portions

Votre marché

- 1 tablette de 180 g de Nestlé Dessert® Café
- 8 biscuits à la cuiller
- 2 cuil. à soupe de coulis de framboises
- 250 g de fraises
- 1 blanc d'œuf
- 200 g de fromage blanc
- 10 cl de crème liquide

Matériel

- 5 verrines
- Batteur électrique

1 Tapissez le fond des 5 verrines de biscuits à la cuiller émiettés et versez le coulis de framboises par-dessus. Coupez les fraises en petits dés et ajoutez-les.

2 Montez le blanc d'œuf en neige et incorporez-le au fromage blanc. Versez le tout dans les verrines en lissant bien la surface. Mettez les verrines au frais pendant 30 min.

3 Faites chauffer la crème au four à micro-ondes 1 min et versez-la sur le chocolat cassé en morceaux. Mélangez bien et laissez reposer 5 min.

4 Complétez les verrines avec la ganache au café. Faites de nouveau prendre au réfrigérateur pendant 30 min.

Tatin et chantilly chocolat café

15 min de préparation · 30 min de cuisson · 8 portions

Votre marché

- 1 tablette de 180 g de Nestlé Dessert® Café
- 5 pommes golden
- 12 biscuits spéculoos
- 6 cuil. à soupe de sucre en poudre
- 15 cl de crème fleurette
- 1 pâte brisée prête à dérouler Herta®
- 30 g de beurre

Matériel

- Moule à manqué ou 8 moules individuels
- Batteur électrique ♦ Mixeur
- Siphon

1 Préchauffez votre four à 220 °C (th. 7-8).

2 Dans un saladier, faites fondre le chocolat avec la crème 2 min au four à micro-ondes à 500 W. Battez la préparation au chocolat et placez-la dans un siphon. Réservez.

3 Dans une poêle, faites cuire le sucre avec un peu d'eau afin d'en faire un caramel. Versez-le dans un moule à manqué (ou dans 8 moules individuels). Disposez les pommes épluchées et coupées en quartiers, puis des noisettes de beurre. Ajoutez les spéculoos mixés et étalez la pâte brisée. Enfournez 30 min en bas de votre four.

4 Sortez la tarte Tatin du four et surmontez-la de chantilly chocolat café. Décorez de copeaux de chocolat avant de servir.

Tartelettes aux fraises, mascarpone et chocolat café

15 min de préparation + 30 min de réfrigération · 12 min de cuisson · 5 portions

Votre marché

- 1 tablette de 180 g de Nestlé Dessert® Café
- 1 pâte feuilletée prête à dérouler Herta®
- 150 g de mascarpone
- 2 blancs d'œufs
- 250 g de fraises
- Gros sel

Matériel

- Plaque à pâtisserie
- Papier sulfurisé
- Batteur électrique

1 Préchauffez le four à 220 °C (th. 7). Découpez 5 ronds dans la pâte feuilletée et déposez-les avec leur feuille de cuisson sur la plaque du four. Piquez la pâte avec une fourchette. Placez une feuille de papier sulfurisé sur toute la plaque et recouvrez-la de gros sel. Faites cuire 12 min dans la partie basse du four.

2 Faire chauffer le chocolat café, cassé en morceaux, au four à micro-ondes à 500 W, pendant 1 min 30. Réchauffez légèrement le mascarpone au four à micro-ondes pendant 10 s. Dans un bol, mélangez le chocolat fondu et le mascarpone tiédi. Placez le tout au frais pendant 30 min.

3 Montez les blancs d'œufs en neige bien ferme et ajoutez-les à la préparation.

4 Au centre de chaque tartelette, déposez de la crème mascarpone-café, puis disposez les fraises coupées en deux autour.

Gâteau marbré au chocolat café

15 min de préparation — 35 min de cuisson — 8 portions

Votre marché

- 1 tablette de 180 g de Nestlé Dessert® Café
- 4 œufs
- 40 g de sucre en poudre
- 120 g de beurre + 1 noix pour le moule
- 120 g de farine + 1 cuil. à soupe pour le moule
- ½ sachet de levure chimique
- ½ sachet de sucre vanillé

Matériel

- Fouet
- Moule à cake
- Papier d'aluminium

1 Préchauffez le four à 180 °C (th. 6). Cassez le chocolat café en morceaux et faites-le fondre au four à micro-ondes à 500 W, pendant 2 min.

2 Fouettez les œufs avec le sucre jusqu'à ce que le mélange blanchisse. Faites fondre le beurre et ajoutez-le. Incorporez la farine, puis la levure.

3 Séparez la pâte en deux. Incorporez le chocolat fondu dans une moitié et le sucre vanillé dans l'autre. Versez les deux pâtes en les alternant dans le moule à cake beurré et fariné.

4 Enfournez pour 35 min de cuisson. Au bout de 20 min, couvrez le cake d'une feuille de papier d'aluminium. À la fin de la cuisson, le gâteau piqué au centre doit être très moelleux. Démoulez-le et laissez-le refroidir sur une grille avant de servir.

Tiramisu aux fruits rouges au chocolat café

10 min de préparation + 1 h de réfrigération

Votre marché

- 1 tablette de 180 g de Nestlé Dessert® Café
- 200 g de fraises
- 150 g de framboises
- 100 g de mascarpone
- 10 cl de crème fleurette
- 16 biscuits à la cuiller mous
- 1 cuil. à soupe de Nestlé Dessert® 100 % cacao

Matériel

- Batteur électrique
- Plat à gratin

1 Lavez puis coupez les fraises en dés et les framboises en deux.

2 Dans un saladier, battez la crème fleurette en chantilly à l'aide du batteur électrique. Réservez au réfrigérateur.

3 Faites fondre le chocolat au micro ondes 1 m 30 à 500 W. Ajoutez le mascarpone et mélangez vivement puis incorporez délicatement la crème chantilly.

4 Dans un plat à gratin, disposez une couche de biscuits et une couche de fruits puis recouvrez de mousse au café-mascarpone. Répétez l'opération en finissant par une couche de mousse au café. Saupoudrez de cacao. Réservez 1 h au réfrigérateur avant de servir.

Mini-mug cakes cappuccino

10 min de préparation + 10 min de repos — 2 min 30 de cuisson — 4 mini-mugs

Votre marché

- 50 g de chocolat Nestlé Dessert® Café (10 carrés)
- Cacao en poudre Nestlé®
- 30 g de beurre (2 cuil. à soupe)
- 1 cuil. à soupe de sucre
- 1 œuf
- 2 cuil. à soupe de lait
- 3 cuil. à soupe de farine
- 1 pincée de levure chimique
- 1 bombe de chantilly

1 Dans un bol, cassez le chocolat au café en petits morceaux. Ajoutez le beurre et faites fondre le tout pendant 1 min au micro-ondes (750 W). Mélangez à l'aide d'une fourchette pour faire fondre les éventuels morceaux de chocolat restants. Ajoutez le sucre et mélangez.

2 Cassez l'œuf dans le bol puis versez le lait. Mélangez vigoureusement. Ajoutez la farine, la levure chimique et mélangez de nouveau jusqu'à obtenir une pâte bien lisse.

3 Versez la préparation dans 4 mini-mugs et placez-les sur le plateau du micro-ondes. Faites cuire pendant 1 min 30 (750 W). Vérifiez la cuisson en glissant un couteau le long de la paroi des mini-mugs. Remettez à cuire 20 s s'il reste du liquide sur le dessus ou dans le fond. Laissez reposer pendant 10 min.

4 Recouvrez le dessus des mini-mug cakes de chantilly puis saupoudrez- les de cacao. Dégustez immédiatement.

Mini-mug cakes au chocolat café, noix et miel

10 min de préparation + 2 min de repos | 2 min 30 de cuisson | 4 mini-mugs

Votre marché

- 50 g de chocolat Nestlé Dessert® Café (10 carrés)
- 30 g de cerneaux de noix
- 30 g de beurre (2 cuil. à soupe)
- 1 cuil. à soupe de miel
- 1 œuf
- 2 cuil. à soupe de lait
- 2 cuil. à soupe de farine
- 1 pincée de levure chimique

Matériel

- Mixeur

1 Mixez les noix pour les réduire en poudre.

2 Dans un bol, cassez le chocolat au café en petits morceaux. Ajoutez le beurre et faites fondre le tout pendant 1 min au micro-ondes (750 W). Mélangez à l'aide d'une fourchette pour faire fondre les éventuels morceaux de chocolat restants. Ajoutez le miel et mélangez.

3 Cassez l'œuf dans le bol puis versez le lait. Mélangez vigoureusement. Ajoutez la poudre de noix, la farine et la levure chimique ; mélangez de nouveau jusqu'à obtenir une pâte bien lisse.

4 Versez la préparation dans 4 mini-mugs et placez-les sur le plateau du micro-ondes. Faites cuire pendant 1 min 30 (750 W). Vérifiez la cuisson en glissant un couteau le long de la paroi des mini-mugs. Remettez à cuire 20 s s'il reste du liquide sur le dessus ou dans le fond. Laissez reposer 2 min avant de déguster.

Moelleux aux bananes et chocolat café

Préparation : 30 min · Cuisson : 20-25 min · Pour 4 mœlleux

Votre marché

Pour la crème anglaise au café
- 50 g de Nestlé Dessert® Café
- 1/2 gousse de vanille
- 15 cl de lait
- 1 gros jaune d'œuf
- 10 g de sucre semoule

Pour les mœlleux
- 60 g Nestlé Dessert® Café
- 3 bananes
- 60 g de yaourt nature
- 35 g de flocons d'avoine
- 65 g beurre + pour les cercles
- 50 g + 4 cuil. à soupe de sucre brun 1 gros œuf
- 65 g farine + pour les cercles
- 1 pincée de bicarbonate de soude
- 1/2 cuil. à café de gingembre en poudre

1 Préparez la crème anglaise. Fendez la demi-gousse de vanille et grattez les graines. Dans une casserole, portez à ébullition le lait, la gousse et les graines de vanille.

2 Dans un saladier, battez le jaune d'œuf avec le sucre. Retirez la gousse de vanille du lait bouillant et versez dans le saladier. Mélangez, puis reversez dans la casserole et mettez à nouveau à chauffer. Faites cuire à feu doux en mélangeant sans vous arrêter avec une spatule jusqu'à ce que la crème s'épaississe. Ne la faites surtout pas bouillir. Ajoutez alors le chocolat et mélangez pour le faire fondre. Laissez tiédir avant de réserver au frais à couvert.

3 Préparez les gâteaux. Écrasez 120 g de chair de banane avec le yaourt (coupez le reste en rondelles). Ajoutez les flocons d'avoine et laissez-les gonfler 5 min. Faites fondre doucement le beurre avec 50 g de sucre brun puis incorporez-les à la préparation à la banane. Ajoutez l'œuf, puis la farine tamisée avec le bicarbonate de soude et le gingembre. Râpez le chocolat, puis ajoutez-le.

4 Préchauffez le four à 200 °C (th. 6-7). Beurrez les cercles et saupoudrez-les de farine. Déposez-les sur une toile de cuisson ou une feuille de papier sulfurisé posée sur une plaque de four. Répartissez 2 cuil. à soupe de sucre brun au fond des cercles. Disposez une couche de rondelles de bananes puis saupoudrez avec le reste de sucre brun. Répartissez la pâte et enfournez 20 à 25 min. Réduisez la température du four à 150 °C (th. 5) à mi-cuisson. Attention en sortant les cercles du four ; ils sont chauds.

5 Dégustez les gâteaux tièdes avec la crème bien froide.

Nestlé
dessert
Corsé
Un chocolat 100% pur beurre de cacao, à la fonte parfaite, préparé avec soin à partir de fèves sélectionnées. Avec le Plan Cacao, Nestlé soutient les cultivateurs pour améliorer la qualité de leur cacao
PUR BEURRE DE CACAO · FÈVES SÉLECTIONNÉES ·
Cocoa Plan
www.latableadessert.fr
Des centaines d'idées recettes faciles et rapides!

Chocolat Corsé

Chocolat Corsé

Madeleines aux pépites de chocolat, amandes et caramel au beurre salé

10 min de préparation · 10 min de cuisson · 12 portions

Votre marché

- 1 tablette de 200 g Nestlé Dessert® Corsé
- 10 caramels au beurre salé
- 60 g d'amandes émondées
- 100 g de beurre + 1 noix pour le moule
- 100 g de farine + 1 cuil. à soupe pour le moule
- 2 œufs
- 70 g de sucre en poudre
- 1 cuil. à café de levure chimique

Matériel

- Plaque de moules à madeleines

1 Préchauffez le four à 220 °C (th. 7). À l'aide d'un couteau, cassez le chocolat corsé en pépites et coupez les caramels au beurre salé en deux. Concassez les amandes et faites-les dorer dans une poêle sans matière grasse. Faites fondre le beurre.

2 Dans un saladier, mélangez le beurre fondu, la farine, les œufs, le sucre et la levure. Ajoutez les pépites de chocolat corsé et les amandes.

3 Beurrez et farinez les moules à madeleines. Remplissez à moitié les empreintes de pâte. Déposez 1 demi-caramel au centre et complétez avec la pâte. Enfournez pour 10 min de cuisson. Renouvelez l'opération jusqu'à épuisement de la préparation.

Cœurs fondants tout chocolat

10 min de préparation · 20 min de cuisson · 4 portions

Votre marché

- 100 g de Nestlé Dessert® Corsé + 8 carrés
- 50 g de beurre + 1 noix pour les ramequins
- 3 œufs
- 80 g de sucre en poudre
- 1 cuil. à soupe de farine + 1 cuil. à café pour les ramequins

Matériel
- 4 ramequins

1 Préchauffez le four à 260 °C (th. 8-9). Faites fondre les 100 g de chocolat corsé, cassés en morceaux, au bain-marie. Ajoutez le beurre.

2 Dans un saladier, mélangez les œufs, le sucre et, petit à petit, la farine. Incorporez le chocolat et mélangez bien.

3 Beurrez et farinez vos ramequins. Versez un tiers de la préparation dans le fond des ramequins, ajoutez 2 carrés de chocolat, puis recouvrez-les avec le reste de la préparation. Enfournez pour 10 min de cuisson.

4 Dégustez-les tièdes, démoulés ou non.

Madeleines au chocolat corsé

15 min de préparation | 10 min de cuisson par plaque | 20 portions

Votre marché

- 150 g de Nestlé Dessert® Corsé
- 100 g de beurre + 1 noix pour les moules
- 4 œufs
- 80 g de sucre vergeoise
- 150 g de farine + 1 cuil. à soupe pour les moules
- 1 cuil. à café de levure

Matériel

- Râpe à légumes
- Plaque de moules à madeleines

1 Préchauffez le four à 200 °C (th. 6-7). Dans une casserole, faites fondre le beurre sur feu doux, puis laissez-le refroidir. Hachez le chocolat.

2 Dans un saladier, mélangez les œufs, le sucre, la farine, la levure, le beurre fondu et le chocolat en pépites.

3 Beurrez et farinez la plaque de moules à madeleines. Remplissez-les aux deux tiers de pâte. Enfournez pour 7 à 10 min de cuisson. Les madeleines doivent être blondes et légèrement gonflées. Démoulez-les dès la sortie du four.

4 Renouvelez l'opération jusqu'à épuisement de la pâte.

Crème tiède au chocolat corsé

10 min de préparation 5 min de cuisson 5 portions

Votre marché

- 1 tablette de 200 g de Nestlé Dessert® Corsé
- 50 cl de lait demi-écrémé
- 1 cuil. à soupe de pistaches non salées
- 3 œufs
- 2 cuil. à soupe de farine
- 60 g de sucre en poudre

Matériel

- Saladier allant au four à micro-ondes
- Fouet ♦ 5 tasses à thé

1 Cassez le chocolat corsé en morceaux et faites-le chauffer avec le lait au four à micro-ondes, pendant 2 min à 900 W. Mélangez bien. Concassez les pistaches.

2 Dans le saladier, mélangez les œufs, la farine et le sucre. Versez le lait chocolaté par-dessus. Faites chauffer le tout au four à micro-ondes, pendant 1 min à 900 W. Mélangez bien et placez de nouveau au four à micro-ondes pendant 2 min à la même puissance. Mélangez à nouveau, à l'aide d'un fouet cette fois.

3 Versez la crème dans des tasses à thé et saupoudrez de pistaches. Dégustez aussitôt.

Chocolat Corsé

Fondants chocolat noir corsé et framboises

Préparation : 20 min
Réfrigération : 1 h

Cuisson : 15-20 min

Pour 4 fondants

Votre marché

- 100 g de chocolat Nestlé Dessert® Corsé
- 90 g de beurre mou + pour les cercles
- 3 œufs
- 100 g de sucre semoule
- 25 g farine + pour les cercles
- 15 g de fécule de maïs
- 125 g de framboises
- 2 cuil. à soupe de sucre glace
- 1 pincée de sel

Matériel

- Batteur électrique
- Papier sulfurisé
- 4 cercles à pâtisserie

1 Faites fondre le chocolat corsé au bain-marie. Laissez-le un peu tiédir hors du feu, puis ajoutez le beurre en morceaux.

2 Dans un saladier, battez les œufs avec le sucre jusqu'à obtenir un mélange pâle et épais. Ajoutez-y le chocolat fondu puis la farine tamisée avec la fécule de maïs et la pincée de sel. Placez au frais 1 h.

3 Préchauffez le four à 190 °C (th. 6). Badigeonnez les cercles de beurre et saupoudrez-les de farine. Déposez-les sur une toile de cuisson ou une feuille de papier sulfurisé posée sur une plaque de four. Répartissez la pâte dans les cercles puis enfoncez 3 framboises dans chaque cercle. Enfournez 15 à 20 min. Attention en sortant les cercles du four ; ils sont chauds et le restent encore une dizaine de minutes hors du four. Laissez refroidir sur une grille, démoulez quelques minutes après la sortie du four.

4 Détaillez les framboises restantes en lamelles et disposez-en 3 au sommet de chaque gâteau. Saupoudrez de sucre glace. Servez tiède ou à température ambiante.

Moelleux marbrés chocolat corsé, chocolat blanc et orange

Préparation : 20 min
Réfrigération : 1 h
Cuisson : 30 min
Pour 4 mœlleux

Votre marché

- 50 g Nestlé Dessert® Corsé
- 75 g Nestlé Dessert® Blanc
- 1 petite orange non traitée
- 40 g de crème fraîche épaisse
- 75 g de beurre mou + pour les cercles
- 90 g de sucre glace
- 2 œufs
- 70 g de poudre d'amandes
- 70 g de farine + pour les cercles
- 1 petite cuil. à café de levure chimique
- 4 cuil. à soupe de marmelade d'orange

Matériel

- Presse-agrumes
- Batteur électrique
- Papier sulfurisé
- Passoire
- 4 cercles à pâtisserie

1 Râpez l'orange et pressez-en le jus. Faites fondre séparément le chocolat corsé avec la crème et le chocolat blanc avec 3 cuil. à soupe de jus d'orange, au bain-marie ou au four à micro-ondes.

2 Battez le beurre avec le sucre glace jusqu'à obtenir une crème. Ajoutez les œufs un à un puis la poudre d'amandes en battant bien après chaque ajout. Incorporez enfin la farine tamisée avec la levure chimique.

3 Séparez la pâte en deux parties légèrement inégales. Versez le chocolat noir dans la partie de pâte la moins importante et le chocolat blanc dans l'autre. Mélangez. Réservez les pâtes au froid pendant 1 h.

4 Préchauffez le four à 160 °C (th. 5). Beurrez les cercles et saupoudrez-les de farine. Déposez-les sur une toile de cuisson ou une feuille de papier sulfurisé posée sur une plaque de four. Répartissez les deux pâtes en les alternant dans les cercles et enfournez 30 min. Vérifiez la cuisson en piquant une lame de couteau dans un gâteau. Elle doit ressortir sèche. Attention en sortant les cercles du four ; ils sont chauds et le restent encore une dizaine de minutes hors du four.

5 Laissez tiédir sur une grille, démoulez après environ 10 min. Faites chauffer la marmelade, filtrez-la et badigeonnez-en le dessus des gâteaux. Dégustez à température ambiante ou à peine tiédi.

Moelleux chocolat noir, cœur passion

Préparation : 20 min
Congélation : 3h
Réfrigération : 1 h

Cuisson : 10 min

Pour 4 mœlleux

Votre marché

- 140 g de Nestlé Dessert® Corsé
- 8 à 10 cl de coulis passion épais (ou de nappage mangue-passion)
- 60 g de beurre mou + pour les cercles
- 60 g de sucre
- 3 œufs
- 35 g de farine + pour les cercles
- Matériel
- Moules à glaçons d'environ 2 cl
- Batteur électrique
- Papier sulfurisé
- 4 cercles à pâtisserie

1 Répartissez le coulis dans 4 moules à glaçons. Réservez au congélateur pendant 3 h. Faites fondre le chocolat au bain-marie.

2 Séparez les blancs des jaunes d'œufs. Battez le beurre avec le sucre jusqu'à obtenir un mélange épais et pâle. Ajoutez les jaunes d'œufs un à un, puis le chocolat fondu et la farine. Terminez en incorporant délicatement les blancs montés en neige. Placez au frais 1 h.

3 Préchauffez le four à 200 °C (th. 6-7). Beurrez les cercles et saupoudrez-les de farine. Déposez-les sur une toile de cuisson ou une feuille de papier sulfurisé posée sur une plaque de four. Répartissez la moitié de la pâte dans les cercles. Glissez un glaçon de coulis au centre de chaque cercle et recouvrez-les du reste de pâte. Enfournez 10 min. Laissez dans le four éteint pendant 2 à 3 min avant de sortir du four. Attention en sortant les cercles du four ; ils sont chauds et le restent encore une dizaine de minutes hors du four.

4 Démoulez délicatement et servez tiède, à température ambiante ou froid.

Gâteaux au chocolat corsé, cœur coulant au chocolat amande intense

Préparation : 20 min
Congélation : 3h
Réfrigération : 1 h

Cuisson : 10 min

Pour 4 gâteaux

Votre marché

Pour les cœurs
- 60 g de Nestlé Dessert® Amande
- 40 g crème liquide

Pour la pâte
- 120 g de Nestlé Dessert® Corsé
- 60 g de beurre mou + pour les cercles
- 2 œufs
- 75 g de sucre roux
- 20 g de farine + pour les cercles
- 10 g de fécule de maïs

Matériel
- Moules à glaçons
- Batteur électrique
- Papier sulfurisé
- 4 cercles à pâtisserie

1 Faites fondre le chocolat amande avec la crème au four à micro-ondes ou au bain-marie. Remplissez 4 gros moules à glaçons et réservez au congélateur pendant 3 h.

2 Faites fondre le chocolat corsé au bain-marie et laissez-le tiédir. Ajoutez le beurre mou. Battez les œufs avec le sucre jusqu'à obtenir un mélange épais. Ajoutez le chocolat fondu puis la farine tamisée avec la fécule de maïs. Réservez la préparation au froid pendant 1h.

3 Préchauffez le four à 215 °C (th. 9). Badigeonnez les cercles de beurre et saupoudrez-les de farine. Déposez-les sur une toile de cuisson ou une feuille de papier sulfurisé posée sur une plaque de four. Répartissez la moitié de la pâte dans les cercles puis ajoutez un glaçon de chocolat amande dans chaque cercle. Recouvrez de pâte. Enfournez 10 min. Laissez dans le four éteint 4 min puis démoulez délicatement. Attention en sortant les cercles du four ; ils sont chauds et le restent encore une dizaine de minutes hors du four. Servez tiède.

Tarte au chocolat, amandes et poires

20 min de préparation · 40 min de cuisson · 8 portions

Votre marché

- 1 tablette de 200 g Nestlé Dessert® Corsé
- 4 poires
- 125 g de beurre mou
- 125 g de sucre en poudre
- 125 g d'amandes en poudre
- 2 œufs + 1 jaune
- 1 pâte sablée prête à dérouler Herta®
- 2 cuil. à soupe de sucre cassonade

Matériel

- Moule à tarte

1 Préchauffez votre four à 220 °C (th. 7). Pelez et coupez les poires en lamelles.

2 Préparez la frangipane au chocolat : cassez le chocolat en petits morceaux et faites-le fondre au bain-marie sans ajouter d'eau.

3 Travaillez le beurre mou avec le sucre jusqu'à ce que le mélange soit homogène et mousseux. Ajoutez les amandes en poudre, le chocolat fondu et les œufs. Mélangez bien.

4 Déroulez la pâte dans un moule à tarte, en conservant la feuille de cuisson. Garnissez-la avec la préparation au chocolat. Déposez des lamelles des poires sur le dessus et saupoudrez de sucre cassonade.

5 Faites cuire dans le bas du four 30 min.

Fine amandine poires et chocolat

15 min de préparation 15 min de cuisson 4 portions

Votre marché

- 100 g de Nestlé Dessert® Corsé
- 2 poires
- 1 cuil. à soupe de sucre en poudre
- 1 œuf
- 2 cuil. à soupe de poudre d'amandes
- 30 g de beurre
- 1 pâte feuilletée prête à dérouler Herta®

Matériel

- 4 moules à tartelette

1 Préchauffez votre four à 220 °C (th. 7-8).

2 Découpez quatre cercles dans la pâte feuilletée en conservant la feuille de cuisson. Dans un saladier, mélangez la poudre d'amandes, le chocolat fondu, le beurre ramolli et le sucre en poudre. Ajoutez l'œuf.

3 Versez la préparation sur les cercles de pâte à 1 cm du bord. Disposez une demi-poire pelée et coupée en fines lamelles sur chaque amandine. Puis enfournez 15 min en bas de votre four.

Tarte à l'orange et mousse au chocolat

20 min de préparation + 3 h de réfrigération | 12 min de cuisson | 8 portions

Votre marché

- 1 tablette de 200 g Nestlé Dessert® Corsé
- 4 oranges
- 80 g de sucre en poudre
- 6 œufs
- 30 g de beurre
- 1 cuil. à soupe de fécule
- 1 pâte sablée prête à dérouler Herta®

Matériel

- Moule à tarte
- Poche à douille

1 Préchauffez votre four à 220 °C (th. 7-8).

2 Étalez la pâte sablée dans un moule à tarte et enfournez 10 min. Retirez le moule du four et laissez tiédir.

3 Dans une casserole, mélangez 2 œufs, le sucre, le zeste de 2 oranges, le jus des oranges et le beurre coupé en morceaux. Ajoutez la fécule.

4 Laissez épaissir sur feu doux sans cesser de mélanger et retirez du feu juste avant l'ébullition. Laissez refroidir.

5 Répartissez la crème sur le fond de tarte et placez au réfrigérateur au moins 1 h.

6 Pendant ce temps, préparez la mousse en faisant fondre le chocolat au bain-marie. Versez le chocolat fondu dans un saladier. Ajoutez les jaunes des 4 œufs restants puis les blancs battus en neige. Placez 2 h au réfrigérateur. Recouvrez la tarte de mousse avec une poche à douille et servez aussitôt.

Chocolat Corsé

Choux caramélisés, mousse au chocolat corsé et groseilles

20 min de préparation + 1 h de réfrigération — 45 min de cuisson — 6 portions

Votre marché

- 1 tablette de 200 g de Nestlé Dessert® Corsé
- 5 œufs + 4 gros œufs pour la pâte à choux
- 12,5 cl de lait demi-écrémé
- 50 g de sucre en poudre
- 80 g de beurre
- 160 g de farine
- 300 g de groseilles
- 1 pincée de sel

Matériel

- Batteur électrique
- Plaque à pâtisserie
- Papier sulfurisé

1 Préparez la mousse. Séparez les blancs des jaunes d'œufs. Montez les 5 blancs en neige bien ferme. Faites ensuite fondre le chocolat corsé, cassé en morceaux, au bain-marie. Hors du feu, ajoutez les 5 jaunes d'œufs, puis, délicatement, les blancs. Placez le tout au frais 1 h.

2 Préchauffez le four à 180 °C (th. 6) et préparez la pâte. Faites bouillir 12,5 cl d'eau, le lait, 10 g de sucre, le beurre et le sel dans une casserole. Ajoutez la farine et remuez. Laissez la pâte se dessécher sur le feu. Elle est prête lorsqu'elle se détache des parois. Hors du feu, ajoutez un à un les 4 œufs en mélangeant. La pâte doit être lisse.

3 Recouvrez la plaque du four de papier sulfurisé et déposez dessus des cuillerées à soupe de pâte à choux. Enfournez pour 45 min. Laissez les choux 10 min dans le four éteint. Garnissez les choux de mousse au chocolat et ajoutez les deux tiers des groseilles.

4 Dans une casserole, faites fondre à feu doux le sucre restant. Sur du papier sulfurisé, formez 10 bâtonnets de caramel et déposez les groseilles dessus. Placez les bâtonnets sur les choux.

Mousse et spéculoos

10 min de préparation
+ 3 h de réfrigération

6 portions

Votre marché

- 1 tablette de 200 g Nestlé Dessert® Corsé
- 6 œufs
- 6 biscuits spéculoos

Matériel

- 6 coupelles
- Batteur électrique

1 Séparez les blancs des jaunes d'œufs. Faites fondre le chocolat cassé en morceaux au bain-marie (ou au four à micro-ondes 2 min à 500 W). Versez-le dans un saladier. Laissez refroidir à température ambiante avant d'ajouter les jaunes d'œufs.

2 Battez les blancs d'œufs en neige ferme à l'aide d'un batteur électrique.

3 Incorporez un quart des blancs dans le chocolat fondu en mélangeant énergiquement à l'aide d'une spatule. Incorporez ensuite le reste des blancs en mélangeant délicatement.

4 Placez au réfrigérateur au moins 3 h dans des coupelles. Au moment de servir, saupoudrez de spéculoos émiettés.

Cupcakes orange, chocolat et menthe

20 min de préparation + 10 min de réfrigération | 14 min de cuisson | 8 portions

Votre marché

- 1 tablette de 200 g de Nestlé Dessert® Corsé
- 1 orange
- 10 feuilles de menthe
- 100 g de farine
- 80 g de sucre en poudre
- 40 g de sucre glace
- 3 œufs
- ½ sachet de levure chimique
- 100 g de beurre

Matériel

- Moules à muffins

1 Préchauffez votre four à 180 °C (th. 6). Râpez le zeste de l'orange.

2 Faites fondre 150 g de chocolat au four à micro-ondes avec le beurre. Ajoutez les œufs, le sucre en poudre et la farine. Fouettez, puis incorporez la levure et le reste de chocolat cassé en petits morceaux. Mélangez afin d'obtenir une pâte homogène.

3 Versez dans des moules à muffins en remplissant aux deux tiers.

4 Enfournez 14 min. Pendant ce temps, faites infuser la menthe dans 1 cuil. à soupe de jus d'orange chaud. Tamisez le jus pour retirer la menthe. Puis ajoutez le zeste d'orange, le sucre glace et 1 cuil. à café d'eau. Nappez les cupcakes de cette préparation et placez-les 10 min au réfrigérateur.

Chocolat Corsé

Roulé au chocolat corsé et poires pochées à la vanille

30 min de préparation + 1 h de réfrigération | 10 min de cuisson | 10 portions

Votre marché

- 100 g de Nestlé Dessert® Corsé
- 150 g de Nestlé Dessert® Noir
- 4 carrés de Nestlé Dessert® Blanc
- 60 g de beurre + 1 noix pour la plaque
- 120 g de sucre en poudre
- 100 g de farine + 1 cuil. à soupe pour la plaque
- 5 œufs
- 6 poires
- 2 gousses de vanille
- 1 cuil. à soupe de sucre glace

Matériel

- Batteur électrique
- Plaque à pâtisserie
- Torchon humide
- Économe
- Mixeur

1 Préchauffez le four à 220 °C (th. 7). Faites fondre le chocolat corsé avec 40 g de beurre au bain-marie. Mélangez le chocolat fondu, les jaunes d'œufs, la farine et 100 g de sucre. Incorporez Montez les blancs en neige et incorporez-les.

2 Versez la pâte sur la plaque, beurrée et farinée, en formant un rectangle de 25 cm par 40 cm, de 2 cm d'épaisseur. Enfournez pour 10 min de cuisson. Démoulez le biscuit sur un torchon humide et roulez-le aussitôt avec le linge.

3 Épluchez et coupez les poires en dés et faites-les poêler pendant 10 min, sur feu doux, avec les gousses de vanille fendues en deux. Mixez la moitié des poires. Déroulez le biscuit et nappez-le de poires en compote et en dés. Roulez-le à nouveau sans le torchon.

4 Faites fondre le chocolat noir avec 20 g de beurre et 1 cuil. à soupe d'eau au bain-marie. Mélangez-le au sucre glace. Versez sur le roulé, puis râpez le chocolat blanc dessus. Laissez au réfrigérateur pendant 1 h.

Chocolat Corsé

Tartelettes au chocolat et basilic

20 min de préparation + 1 h de réfrigération | 14 min de cuisson | 4 portions

Votre marché

- 1 tablette de 200 g de Nestlé Dessert® Corsé
- 1 pâte sablée prête à dérouler
- 20 cl de crème liquide
- 14 feuilles de basilic

Matériel

- 4 moules à tartelette
- Papier sulfurisé + haricots secs pour la cuisson

1 Préchauffez le four à 220 °C (th. 7). Répartissez la pâte sablée avec sa feuille de cuisson entre les 4 moules à tartelette. Recouvrez les tartelettes de papier sulfurisé et remplissez-les de haricots secs. Faites-les cuire à blanc 10 min.

2 À l'aide d'un couteau, coupez le chocolat corsé en pépites. Dans une casserole, faites chauffer la crème avec 10 feuilles de basilic, sur feu doux. Retirez les feuilles de basilic, puis versez la crème chaude sur les pépites de chocolat. Mélangez bien pour faire fondre le chocolat.

3 Remplissez les fonds de tarte de crème au chocolat. Faites-les prendre pendant 1 h au réfrigérateur.

4 Avant de servir, déposez une feuille de basilic sur chaque tartelette au chocolat.

Chocolat Corsé

Tarte au chocolat corsé, pamplemousses roses et éclats de biscuits

20 min de préparation + 1 h de réfrigération | 20 min de cuisson | 8 portions

Votre marché

- 1 tablette de 200 g de Nestlé Dessert® Corsé
- 2 pamplemousses roses
- 4 biscuits roses de Reims
- 1 pâte brisée Tarte En Or prête à dérouler Herta®
- 20 cl de crème liquide

Matériel

- Moule à tarte
- Papier sulfurisé
- Gros sel

1 Préchauffez le four à 220 °C (th. 7-8). Pelez les pamplemousses et retirez les segments. Concassez les biscuits roses. Réservez le tout.

2 Déroulez la pâte dans un moule à tarte en conservant la feuille de cuisson. Faites-la cuire à blanc : recouvrez le fond de tarte de papier sulfurisé, puis déposez du gros sel dessus. Faites cuire pendant 15 min dans le bas du four.

3 Dans une casserole, faites chauffer la crème liquide. Cassez le chocolat corsé en morceaux et mettez-le dans un saladier. Versez la crème liquide chaude par-dessus. Couvrez et attendez 5 min. Mélangez bien et versez la préparation dans le fond de tarte. Placez au réfrigérateur pendant 1 h.

4 Disposez les segments de pamplemousse sur la tarte au chocolat et saupoudrez d'éclats de biscuits roses.

Mini-mug cakes à l'orange, coeur de chocolat noir corsé

10 min de préparation + 5 min de repos — 2 min 15 de cuisson — 4 mini-mugs

Votre marché

- 40 g de chocolat Nestlé Dessert® Corsé (8 carrés)
- 30 g de beurre (2 cuil. à soupe)
- 3 cuil. à soupe de sucre
- 1 œuf
- 3 cuil. à soupe de jus d'orange (avec pulpe)
- 1 cuil. à café de zestes d'orange
- 2 cuil. à soupe de poudre d'amandes
- 3 cuil. à soupe de farine
- 1 pincée de levure chimique

1. Dans un bol, faites fondre le beurre pendant 45 s au micro-ondes (750 W). Ajoutez le sucre et mélangez.

2. Cassez l'œuf dans le bol. Pressez l'orange et zestez-la. Ajoutez 3 cuil. à soupe de jus et 1 cuil. à café de zestes à la préparation. Mélangez vigoureusement.

3. Ajoutez la poudre d'amandes, la farine et la levure. Mélangez jusqu'à obtenir une pâte bien lisse.

4. Versez la préparation dans 4 mini-mugs et déposez au milieu 2 carrés de chocolat en les enfonçant légèrement. Placez les mini-mugs sur le plateau du micro-ondes et faites cuire pendant 1 min 30 (750 W). Vérifiez la cuisson en glissant un couteau le long de la paroi des mini-mugs. Remettez à cuire 20 s s'il reste du liquide sur le dessus ou dans le fond. Laissez reposer 5 min avant de déguster.

Mini-mug cakes très choco à la mangue

5 min de préparation
+ 5 min de repos

2 min 30 de cuisson

4 mini-mugs

Votre marché

- 50 g de chocolat Nestlé Dessert® Corsé (10 carrés)
- 30 g de beurre (2 cuil. à soupe)
- 2 cuil. à soupe de sucre
- 1 œuf
- 2 cuil. à soupe de lait
- 3 cuil. à soupe de farine
- 1 pincée de levure chimique
- 1/4 mangue

1 Dans un bol, cassez le chocolat en petits morceaux. Ajoutez le beurre et faites fondre le tout pendant 1 min au micro-ondes (750 W). Mélangez à l'aide d'une fourchette pour faire fondre les éventuels morceaux de chocolat restants. Ajoutez le sucre et mélangez.

2 Cassez l'œuf dans le bol puis versez le lait. Mélangez vigoureusement. Ajoutez la farine, la levure chimique et mélangez de nouveau jusqu'à obtenir une pâte bien lisse.

3 Versez la préparation dans 4 mini-mugs. Coupez la mangue en 4 morceaux et placez un morceau au cœur de chaque gâteau. Placez les mini-mugs sur le plateau du micro-ondes et faites cuire pendant 1 min 30 (750 W). Vérifiez la cuisson en glissant un couteau le long de la paroi des mini-mugs. Remettez à cuire 20 s s'il reste du liquide sur le dessus ou dans le fond. Laissez reposer 5 min avant de déguster en ajoutant quelques petits cubes de mangue sur le dessus.

Nouveau
Nestlé
dessert
Amande
Un chocolat 100% pur beurre de cacao alliant la douceur de l'amande à toute l'onctuosité du chocolat blanc aux notes subtiles de vanille.
Avec le Plan Cacao, Nestlé soutient les cultivateurs pour améliorer la qualité de leur cacao.
Cocoa Plan
CHOCOLAT PUR BEURRE DE CACAO · DOUCEUR AMANDE
www.latableadessert.fr
Des centaines d'idées recettes faciles et rapides!

Chocolat Amande

Fondants au chocolat amande et semoule au coulis de cerises

Préparation : 30 min
Réfrigération : 1 h
Cuisson : 25 min
Pour 4 fondants

Votre marché

Pour les gâteaux
- 90 g de Nestlé Dessert® Amande
- 40 cl de lait entier
- 35 g sucre
- 60 g de semoule fine
- 2 œufs

Pour le coulis
- 150 g de cerises dénoyautées
- 40 g de sucre
- 1 cuil. à café bombée de fécule de maïs (8 g)

Matériel
- Mixeur
- Passoire fine
- Papier sulfurisé
- Petit emporte-pièce carré ou rond
- 4 cercles à pâtisserie

1 Préparez le coulis : mixez longuement les cerises avec le sucre et 8 cl d'eau. Filtrez le coulis et délayez-y la fécule de maïs. Versez dans une casserole, portez à ébullition et laissez bouillir 1 min. Sortez du feu et vérifiez si le coulis est assez sucré et épais (le coulis épaissira encore en refroidissant). Réservez au froid et à couvert.

2 Préparez les gâteaux : portez le lait à ébullition dans une petite casserole. Versez le sucre et la semoule en pluie, puis laissez cuire à feu moyen 10 min. Hors du feu, ajoutez le chocolat et mélangez pour le faire fondre, puis laissez légèrement tiédir avant d'ajouter les œufs un par un en battant bien après chaque ajout.

3 Préchauffez le four à 200 °C (th. 6-7). Badigeonnez les cercles de beurre et déposez-les sur une toile de cuisson ou une feuille de papier sulfurisé posée sur une plaque de four. Répartissez la pâte dans les cercles et faites cuire au four pendant 25 min. Laissez tiédir dans le four entrouvert pendant 15 min puis laissez refroidir hors du four. Attention en sortant les cercles du four ; ils sont chauds et le restent encore une dizaine de minutes hors du four. Démoulez.

4 À l'aide d'un emporte-pièce, retirez un morceau de gâteau au centre de chaque fondant et garnissez-le de coulis de cerise. Servez tiède, à température ambiante ou froid avec le reste de coulis.

Gâteaux au chocolat amande, cœur framboise, façon financier

Préparation : 15 min
Réfrigération : 1 h
Cuisson : 20 min
Pour 4 mœlleux

Votre marché

- 100 g de Nestlé Dessert® Amande
- 60 g de beurre + pour les cercles
- 30 g de sucre
- 40 g de farine + pour les cercles
- 2 blancs d'œufs
- 20 framboises
- Matériel
- Papier sulfurisé
- 4 cercles à pâtisserie

1 Dans une casserole, faites fondre le beurre jusqu'à ce qu'il prenne une belle couleur ambrée et exhale une bonne odeur de noisettes caramélisées. Ajoutez le chocolat amande et faites-le fondre. Ajoutez le sucre et laissez tiédir pendant 5 à 10 min avant d'ajouter la farine puis les blancs d'œufs légèrement fouettés. Placez au frais 1 h.

2 Préchauffez le four à 170 °C (th. 5-6). Badigeonnez les cercles de beurre et saupoudrez-les de farine. Déposez-les sur une toile de cuisson ou une feuille de papier sulfurisé posée sur une plaque de four. Répartissez la pâte dans les cercles. Déposez 5 framboises dans chaque cercle et enfoncez-les légèrement. Enfournez 20 min. Attention en sortant les cercles du four ; ils sont chauds et le restent encore une dizaine de minutes hors du four. Démoulez et laissez tiédir sur une grille. Dégustez tiède.

Conseil : Ajoutez 1 cuil. à café de thé macha dans la pâte.

Moelleux abricot et chocolat amande

Préparation : 30 min — Cuisson : 20-25 min — Pour 4 fondants

Votre marché

- 100 g de Nestlé Dessert® Amande
- 8 abricots secs
- 2 cuil. à soupe d'eau de fleur d'oranger
- 120 g de yaourt nature ou de soja
- 4 cl d'huile + pour les cercles
- 50 g de sucre
- 1 très gros œuf
- 30 g de semoule
- 15 g de fécule de maïs
- 30 g de farine + pour les cercles
- 1 pincée de levure chimique

Pour le coulis d'abricots

- 20 g de beurre
- 180 g d'abricots dénoyautés
- 40 g de sucre
- 1 cuil. à café d'amidon de maïs

Matériel

- Mixeur
- Passoire fine
- Papier sulfurisé
- Plaque de four
- 4 cercles à pâtisserie

1 Placez les abricots secs dans l'eau de fleur d'oranger le temps de préparer le reste de la recette. Coupez le chocolat en pépites à l'aide d'un couteau.

2 Préparez le coulis d'abricots : faites fondre le beurre dans une sauteuse et faites sauter vivement les abricots avec le sucre 2 à 3 min. Ajoutez 6 cl d'eau et poursuivez la cuisson 5 min. Laissez tiédir avant de mixer avec la fécule de maïs. Filtrez le coulis, versez-le dans une casserole et portez-le à ébullition. Laissez frémir 1 min. Vérifiez si le coulis est assez sucré et épais (attention, il épaissira encore en refroidissant), sinon rectifiez selon votre goût. Réservez au froid et à couvert.

4 Dans un saladier, fouettez le yaourt, l'huile et le sucre. Ajoutez au fur et à mesure l'œuf, la semoule, la fécule de maïs et la farine tamisée avec la levure. Incorporez le chocolat en pépites et les abricots égouttés coupés en petits cubes.

5 Préchauffez le four à 160 °C (th. 5). Badigeonnez les cercles d'huile et saupoudrez-les de farine. Déposez un carré de papier cuisson sous chaque cercle et maintenez avec du papier d'aluminium. Placez sur une feuille de papier sulfurisé posée sur une plaque de four. Répartissez la pâte dans les cercles et enfournez 20 min. Attention en sortant les cercles du four, ils sont chauds et le restent encore une dizaine de minutes hors du four. Dégustez les moelleux tièdes avec le coulis.

Moelleux poire et chocolat amande

Préparation : 30 min
Réfrigération : 1 h
Cuisson : 20 min
Pour 4 moelleux

Votre marché

Pour les poires au sirop
- 1 gousse de vanille
- 350 g de sucre semoule
- 1 petit morceau de bâton de cannelle
- 2 étoiles de badiane
- 4 poires Conférence pas trop mûres

Pour la pâte
- 60 g de Nestlé Dessert® Amande
- 25 g de beurre + pour les cercles
- 1 gros œuf
- 20 g de sucre blond
- 2 cuil. à soupe de lait
- 20 g de farine + pour les cercles
- 1 pincée de levure chimique

Pour le nappage
- 40 g de Nestlé Dessert® Noir ou Nestlé Dessert® Corsé

Matériel
- Batteur électrique
- Papier sulfurisé
- 4 cercles à pâtisserie

1 Fendez la gousse de vanille en deux et grattez les graines. Portez à ébullition 1 litre d'eau avec le sucre, les graines et la gousse de vanille, la cannelle et la badiane. Laissez cuire à petits bouillons 10 min. Épluchez les poires et plongez-les dans le sirop 10 min à feu moyen pour les faire pocher.

2 Faites fondre le chocolat amande avec le beurre au bain-marie. Séparez le blanc et le jaune d'œuf. Battez le jaune avec le sucre en crème épaisse. Ajoutez le chocolat fondu, le lait, la farine et la levure. Incorporez le blanc d'œuf monté en neige. Réservez au froid.

3 Préchauffez le four à 175 °C (th. 5-6). Badigeonnez les cercles de beurre et saupoudrez-les de farine. Déposez-les sur une feuille de papier sulfurisé posée sur une plaque de four. Répartissez la pâte dans les cercles.

4 Égouttez les poires et séchez-les dans du papier absorbant. Coupez généreusement la base et enfoncez les poires dans la pâte. La pâte doit monter autour des poires. Enfournez 20 min. Attention en sortant les cercles du four, ils sont chauds.

5. Faites fondre le chocolat noir au bain-marie et versez-le en filet sur les gâteaux démoulés. Dégustez tiède.

Mousse au chocolat amande

15 min de préparation
24 h de réfrigération

1 min 30 de cuisson

8 portions

Votre marché

- 1 tablette de 180 g de Nestlé Dessert® Amande
- 20 cl de crème fleurette

Matériel

- Batteur électrique
- 8 verrines

1 Faites fondre le chocolat cassé en morceaux 1 min 30 à 500 W au four à micro-ondes.

2 Battez la crème bien froide en chantilly. Incorporez vivement 1/3 de la crème dans le chocolat fondu. Ajoutez le reste délicatement.

3 Répartissez dans des verrines et placez 24 h au réfrigérateur.

Chocolat Amande

Tarte aux pommes à la normande

20 min de préparation
+ 1 h de réfrigération

28 min de cuisson

8 portions

Votre marché

- 1 tablette de 180 g de Nestlé Dessert® Amande
- 2 œufs
- 3 pommes golden
- 20 cl de lait
- 10 cl de crème
- 1 pâte sablée prête à dérouler

1 Préchauffez le four à 220 °C (th. 7). Pelez et coupez les pommes en gros quartiers.

2 Dans un saladier, faites fondre le chocolat avec la crème 2 min à 500 W au four à micro-ondes. Ajoutez le lait et les œufs, puis mélangez.

3 Déroulez la pâte dans un moule à tarte avec la feuille de cuisson. Répartissez les pommes sur le fond de tarte, puis versez l'appareil au chocolat dessus.

4 Enfournez pour 28 min.

Ce livre a été imprimé avec l'autorisation de la Société des Produits Nestlé France SAS Noisiel, titulaire de la marque Nestlé Dessert®

L'éditeur remercie NESTLÉ FRANCE pour sa collaboration.

Photographies : Pierre-Louis Viel
Stylisme : Valéry Drouet
(Sauf pages 48, 49, 50, 51, 96, 97, 98, 99, 146, 147, 194, 195, 218, 219, 244, 245, 266 et 267. Textes : Audrey Le Goff. Photographies : Pierre Chivoret. Stylisme : Coralie Ferreira. Et pages 22, 23, 24, 25, 44, 45, 94, 158, 159, 160, 161, 172, 173, 174, 218, 219, 264, 272, 273, 274, 275, 294, 295, 296, 297 : Textes, photos et stylisme : S'cuiz in. Et pages 11, 14, 60, 110, 162, 212, 238, 266, 292, 298 et 299 : photographies de Philippe Voncken.)

Dépôt légal : octobre 2016
ISBN : 978-2-01-135684-0
28-7659-8/01
Imprimé en Chine par LPP

La Table à Dessert

Retrouvez toutes les recettes NESTLÉ DESSERT, les conseils, les trucs et les astuces sur

www.latableadessert.fr